조선 17~18세기
尙書 解釋의 새로운 경향

김만일 저

景仁文化社

머리말

상서는 치도의 대경 대법을 담은 책으로 일컬어져서 삼경의 하나로서 주요시된 것은 물론 정치의 운영원리를 담은 책으로서도 중요시되어 왔다. 고려 말기에 채침의 『서집전』이 전래된 이래 조선왕조는 이를 수용 보급하려는 노력을 기울여왔고 이러한 노력의 일환이 언해본을 만드는 것으로 나타났다. 뿐만 아니라 왕조실록을 통해서 보면 상서는 통치제도에 대한 자료로서 인식되었고 치도에 대한 근원으로서 경연에 가장 많이 이용되던 경전이었다. 따라서 조선시대의 많은 학자들이 관심을 기울였고 그 결과 상서에 대한 많은 주석서들이 저술되었다.

17세기 이전의 상서 주석은 대체로 성리학적 기반 위에서 상서를 해석한 채침의 『서집전』을 수용하고 그 의미를 정확하게 해석하여 보급하려는 단계였다. 이러한 경향은 조선 후기에 송시열, 한원진을 비롯한 학자들에 의하여 계속 이어졌다.

한편 17세기에 박세당, 윤휴, 이익 등에 의하여 채침의 『서집전』을 넘어서서 더욱 확대된 지평위에서 상서의 독자적인 해석이 시도되었다. 이들이 채침의 『서집전』의 해석 범주를 넘어설 수 있었던 배경에는 당대의 상서 주석서인 공영달의 『상서정의』가 있었으며 아울러 많은 서적을 통하여 훈고와 고증을 시도함으로써 가능하였다. 이 책은 17~18세기에 박세당과 윤휴, 이익의 상서주석서 분석을 통하여 이들이 독자적인 상서해석을 시도한 점과 그들의 상서해석의 특징과 구체적인 내용들을 검증하고자 한 것이다.

1992년 한여름 무더위가 기승을 부리던 즈음 청명 임창순 선생님의 부름을 받고 그해 가을학기부터 태동고전 연구소에서 강의를 담당하게 되었다. 사전에 시간강사도 해본 적이 없이 바로 경전을 가르치는 일은 매우 소화하기 벅차고 힘든 일이었다. 그래서 결국 그때까지 관심사였던 조선 초기 사회신분사에 대한 탐구는 일단 접어두게 되었고 자연스럽게 주 강의 전담과목이었던 상서에 대해 관심을 가지게 되었다. 강의 준비를 위하여 조선시대 상서 주석서를 열독하는 가운데 이에 대한 연구의 필요성을 느끼게 되었고 또한 의외로 이 분야에 대한 연구가 진척되지 않았음을 알게 되었다. 그 가운데에서도 저술의 분량이 방대하여 상서론의 면모를 살펴보는데 부족함이 없을 뿐만 아니라, 독자적인 상서주석을 시도한 박세당 윤휴 이익의 상서학에 대해 연구해 보고자 하는 의욕을 가지게 되었다.

공부를 해오는 과정에서 소중한 가르침을 주신 두 분의 선생님을 이야기 하지 않을 수가 없다. 먼저 청명 임창순 선생님이다. 1982년 태동고전연구소에 한학연수생으로 입학한 이래 1992년 다시 태동고전연구소 교수로 임용되어 선생님께서 돌아가실 때까지 줄곧 선생님 곁에서 공부뿐만이 아니라 생활의 일부분까지 함께한 것이 모두 필자에게는 가르침이었다. 또 한 분은 민현구 선생님이다. 학부시절부터 대학원 석박사과정과 학위논문을 써내기까지 20년간 줄곧 지켜봐 주시고 지도해주신데 비하여 제자로서 너무나 불성실했음을 고백하지 않을 수 없다. 졸작을 내놓으며 두 분 선생님께 두렵고 송구스러움에 마음이 편안하지 못하다. 또한 난삽한 글을 읽고서 지도해주신 윤사순, 금장태, 조광, 정만조 선생님들께도 고마운 말씀을 드린다.

책을 내도록 주선해 준 고려사학회와 출판을 맡아준 경인문화사에 감사드린다.

2007년 4월 21일
김 만 일

목 차

제1장

서 론

1. 문제의 제기

경학이란 유교 경전에 대한 해석학이며 구체적으로는 경전에 대한 주석으로 나타난다. 그러나 경학이란 단순히 경전에 대한 주석을 통하여 그 의미를 해석하는 것을 넘어서 그 시대의 정치사상과 통치제도론(경세론)의 바탕을 이룬다. 경전은 교육에서부터 인재 선발에 이르기까지 중요한 표준이었으며 기본내용이었다. 뿐만 아니라 경전은 군주의 수신 지침으로서 통치 이념의 근거를 제공하는 것이었으며 당시 정치 사회의 사상적 토대를 이루는 것이었다. 그래서 경학자들은 '六經으로 세상을 다스리고', '육경을 실생활에 응용하며', '육경은 만세의 교과서'라고까지 하였다.

경학은 경전에 대한 구체적인 주석을 통하여 경전에 대한 해석 체계를 수립하는 것이지만, 더 나아가서 그것을 통하여 새로운 하나의 세계관을 구축하는 것이다. 이것은 각각의 경학가들의 정치사상과 경세론의 바탕을 이루는 것이며 그 정당성을 보증하는 근거가 된다. 따라서 경학에 대한 연구는 각각의 경학이 내포하고 있는 성격을 규명함으로써 사상사의 맥락을 이해하는 것과 더불어 그것을 통하여 그들이 지향하는 세계관을 검증하는 것이며, 이것은 곧 그 시대의 정치사상과 사회개혁의 토대를 탐구하는 데에 있다고 하겠다.

경전에 대한 해석체계로서 경학은 각 시대마다 새롭게 끊임없이 변화해 왔는데 이것은 경학이 그 시대의 역사적 변전에 따라 새로운 세계관이 요청되는 시대적 요구에 부응한 것이었다. 역사적 상황의 변동에 따른 사상적 동요가 심하였던 시기에 경학 저술이 더욱 풍부했던 점이 그러한 사실을 말해 주고 있다. 우리나라에서도 유교경전이 도입된 이래로 각 시대의 사회 정치적 변혁기에는 경전에 대한 새로운 탐구가 모색되었고, 그것이 정치 사회적 변화의 사상적 토대로서 작용하였음은 연구를 통하여 밝혀진 바가 있다.

유교경전은 삼국시대에 전래 수용된 이후로 정치지배 이념의 근거로서 기능해 왔다. 고려시대가 불교 국가라고 하지만 그 통치제도나 정치사상의 근거가 유교경전에 두어졌음은 모두가 주지하는 사실이다. 고려시대에 주로 사용된 유교경전은 唐代에 편찬된 五經正義를 위주로 한 것이었다. 여말 선초의 사회 정치적 변혁의 시기에는 元으로부터 성리학적 경전 주석서들이 도입되어 왕조 개창의 이념적 틀을 제공하였다. 이후에 조선왕조의 통치체제를 정비하는 과정에서나 통치이념을 정립 확산하는 데에는 성리학적 입장에서 해석한 유교경전이 활용되었으며, 또한 차세대 지배 집단을 교육 양성하기 위하여 경전에 대한 성리학적 해석이 정론화될 필요성이 제기되었다. 이러한 노력들이 權近과 李滉의 경전 주석으로 나타난 것이라 볼 수 있다. 대략 17세기에 이르면 유교경전에 대한 성리학적 해석이 정론화되는데, 경전에 대한 언해본의 발간은 이러한 성리학적 경전 해석의 정론화의 산물이라 할 수 있다.

兩亂 이후 사회 경제적 질서가 파괴되고 지배체제가 와해되어 가는 조선 후기의 역사적 변전의 시기에 새로운 사회 질서에 대한 모색이 시도되었고, 자연히 지배 이념의 근거로서의 성리학적 경전 해석에 대한 반성이 제기되었다. 이에 대해 조선의 경학은 두 가지 측면에서 대응책을 제시하였다. 하나는 성리학적 세계관에 의거한 전통적 지배 체제를 공고히 함으로써 현실의 위기를 타개하려는 것인데, 이는 경학에 있어서 정론화된 朱熹의 주석을 절대시하고 더욱 드러내어 밝히고자 하는 입장이다. 또 하나는 성리학적 세계관에 의거한 지배체제의 한계를 인식하고 그 대안으로 새로운 세계관을 제시하여 이를 바탕으로 한 개혁적 경세론을 통하여 위기를 극복하고자 하는 것이다. 이는 경학에서 주희의 주석을 비판적으로 수용하고 한·당대의 해석 체계를 받아들여 독자적인 경전 해석 체계를 수립하는 것이었다.

조선 후기 사회를 개혁하고 새로운 사회를 조망하는 데 대한 양자의 경세론이 서로 달랐던 것은 그들이 가진 각각의 세계관이 달랐던 것에 기인하며, 이것은 결국 경전 해석에 대한 입장의 차이에서 명확하게 드러난다고 할 수 있다. 양자의 정치 사상적인 대립에서 빚어진 문제는 결국 경전 해석에 대한 이견으로 귀착되어 송시열 일파가 윤휴와 박세당에게 전통적인 경학에 반기를 든 '斯文亂賊'이란 죄목을 뒤집어씌우기에 이르렀다. 이것은 경학이 경세론과 현실의 정치권력의 문제와 결코 무관할 수 없는 것임을 반증하는 일례인 것이다.

이들의 경학의 성격을 규명하려는 것은 그들이 당시 정치 사회적인 위기를 극복하기 위하여 내세운 경세론의 경학적 토대를 밝히고, 아울러 양자 경세론의 기본 입장의 상이성이 경학에서 연유함을 밝히려는 것이다. 이것이 또한 조선 후기 사상사의 맥락, 특히 실학사상의 발생 배경을 짚어보려는 것임은 재론할 필요가 없다고 하겠다.

조선 후기의 경학적 특성을 밝히려는 연구는 경학 전반에 관해 분석한 연구와 개별 경전을 집중적으로 분석한 연구로 나누어 볼 수 있는데, 경학의 종합적 특성을 규명하기 위해서는 개별 경전에 대한 연구를 바탕으로 한다고 생각한다. 경전 각각에 대한 연구의 토대 위에서 전체적인 경학의 성격을 조망해 볼 수 있는 것이기 때문이다.

개별 경전에 대한 연구를 기준으로 살펴보면, 四書에 대한 연구, 특히 『중용』, 『대학』에 대한 연구가 집중적으로 이루어졌으며 三經에 대해서는 『주역』과 『시경』에 대한 연구가 일부 이루어졌다. 그러나 『상서』에 대한 연구는 일부 연구자들에 의하여 개척되는 단계에 있어 이 부분에 대한 경학 연구는 거의 공백으로 남아있다고 해도 과언이 아니다.[1] 이런 점에서 조선 후기 경학사상의 전체상을 제대로 규명하기 위해서 상서에 대한 연구의 필요성이 제기된다고 할 수 있다.

『상서』는 사서삼경 중에서도 정치제도 및 정치사상과 가장 밀접한 관련을 갖는 것이며 경세론을 뒷받침하는 경전으로서 매우 중요시되어 왔다. 실제 통치제도를 정비하는 과정에서도 『周禮』와 더불어 가장 중요한 근거로서 인용되었다. 보다 더 중요한 것은, 「洪範」을 비롯한 『상서』의 각 편들은 인군의 수양과 치인의 원리를 제시한 치도의 지침으로서 경연에서 주요한 경전으로 강론되어 왔으며 각 시대의 국정 운영의 원리로서 인식되었다는 점이다. 따라서 『상서』는 각 시대의 정치사상 및 경세론과 밀접한 관계를 가지는 경전이라 할 수 있다.

조선 후기 尙書學은 앞서 말한 일반적인 경학 연구의 흐름과 궤를

---

1) 상서에 대한 연구로는 正祖와 尹鑴 丁若鏞 洪奭周 申綽 등에 대하여 정치사상과 상서와의 관련을 다룬 정호훈의 연구(정호훈, 2003, 「尹鑴의 政治理念과 富國强兵策－『洪範』이해와 政治改革論을 중심으로－」『민족문화』26)와 김문식의 연구(김문식, 1991, 「尙書 연구서를 중심으로 본 丁若鏞과 洪奭周의 정치사상 비교」『한국사연구』75 ; 1998, 「尙書講義를 중심으로 본 正祖의 經學思想」『한국사론』20)가 있고 조성을의 다산의 상서학에 대한 문헌고증적인 연구 업적(조성을, 1987, 「정약용의 尙書연구 문헌의 검토」『동방학지』54~56합집)이 있으나, 상서에 대한 경학적 연구로서 주석의 성격과 체제 경학적 특성 등에 대해 분석 연구한 것은 거의 없는 실정이다.

같이한다. 즉 주자학적인 시각에서 『상서』에 대해 주석한 일련의 상서주석서가 있고, 주희를 비판적으로 수용하고 훈고와 고증 그리고 한·당대의 주석서를 수용하여 독자적인 주석체계를 세우려 한 흐름이 있다. 朴世堂, 尹鑴, 李瀷, 丁若鏞이 바로 그러한 상서해석의 독자적 체계를 세우려 한 사람들이다.

본 연구에서는 17~18세기에 주자학적인 상서해석에서 탈피하여 독자적인 주석 체계를 세우려 했던 윤휴, 박세당, 이익의 상서해석 체계를 고찰하고자 한다.

박세당의 상서에 관한 저술로 『尙書思辨錄』이 있고, 윤휴는 『讀尙書』, 이익은 『書經疾書』가 있다. 조선시대 상서에 대한 주석서들이 대부분 일부 편목에 치우쳐있고 그 분량조차 적어서 그들의 상서학 성격을 파악하는데 한계가 있다. 이에 반해 윤휴, 박세당, 이익의 상서에 대한 저작의 공통된 점은 상서 58편 전편 또는 상당히 많은 편목에 대해서 상세하게 주석을 붙였다는 점이다. 그래서 그 분량이나 내용에 있어서 그들의 상서학, 나아가서 경학의 성격을 파악하는데 전혀 모자람이 없다는 것이다. 아울러 이들 주석서들은 상서해석에서 주희와 蔡沈에 대해 수용하기도 하고 비판하기도 하고 있다. 뿐만 아니라 한·당대 주석도 채택하여 수용하고, 훈고학적인 방법을 도입하고 있으며, 성리학적 해석을 배제하기도 하는 등 많은 공통점을 가지고 있다. 이들 주석서가 독자적인 상서주석 체계를 수립하고자 노력한 점에서는 성격이 일치한다.

2. 연구사 검토

17세기 이후 조선의 학계는 정론화된 주희의 경전 해석에 대한 연구를 확대 심화해가는 노력과 주자학의 틀을 벗어나 새로운 시각을 모색하려는 노력이 병행되어 전개된다. 전자는 송시열과 그의 견해를 계승하는 학파로서 주희에 의해 확립된 경학체계를 더욱 정치하게 연구하여 주희의 설에 대한 이해를 심화시키고자 하였다. 송시열은 주희의 설에 대해 비판이 제기되는 것은 주희에 대한 이해의 부족 때문이라고 여기고, 주희의 설을 명료하게 드러내는 것을 자신의 학문적 과제로 삼았다. 따라서 송시열은 주희의 저술들에 대한 이해를 돕기 위해서 글의 맥락과 용어를 설명하는 것과 주희 저술 안에서 서로 배치되는 이론들을 찾아내어 설명하고 정론을 세우는데 치중하였다. 이것이 『朱子大全箚疑』와 『朱子言論同異攷』의 저술로 나타난 것이다.

한편 경전해석에서 주자학적인 틀을 벗어나서 새로운 경전해석을 모색해간 윤휴, 박세당, 이익은 당시 사회의 모순을 극복하는 데에 성리학적 통치질서는 이미 한계에 이르렀다고 보았다. 이들이 성리학적 해석의 틀을 벗어나 새로운 경전 해석을 모색했던 것은 곧 새로운 통치질서를 수립하는 이념적인 근거를 경전에서 찾고자 하였기 때문이다. 이들의 관심은 일차적으로 경전에 두어졌으며 그로 인하여 경전 전반에 걸쳐서 구체적이고도 방대한 저술을 남기게 되었다.

따라서 이 시대의 사상사에 대한 연구도 자연히 두 가지로 나누어지게 된다. 송시열 일파에 대한 연구는 예론과 성리설에 대한 것에 집중되었던 것에 비해 윤휴와 박세당, 이익에 대한 연구는 경세론과 경학적 성격에 대한 것에 집중되었다.

윤휴, 박세당, 이익의 경학적 특성에 대한 연구는 주로 그 성격을 탈성리학 반주자학으로 규정하는데 치중되었다. 그러나 또 한편에서는 이들의 성향이 주희와는 다른 점이 있다 하더라도 주자학적 범주를 넘어서는 것은 아니라는 견해도 제시되었다. 그런데 양자 모두 반주자학적인가 주자학적 범주에 머물렀는가 하는 판단의 기준이 주로 이기론과 심성론, 경세론을 중심으로 한 것이었다. 이러한 방식의 분석만으로는 이들의 학문적 성향을 총체적으로 파악하는 데는 한계가 있다고 하겠다. 학문적 성향이 경전에 대한 주석을 통해서 집약적으로 나타난다는 점을 고려해보면 이들의 학문적 성향을 판단하기 위해서는 경학사상에 대한 연구가 선행되어야 했다. 1990년대에 이르러 윤휴, 박세당, 이익, 정약용의 경전 주석에 대한 연구가 활발하게 전개됨으로써 이들의 학문과 경학적 특성을 밝히는 데 한 단계 전진하게 되었다. 그러나 경학에 대한 연구를 통해서도 이들의 학문적 특성을 '탈성리학적', '반권위주의적', '상대주의적'이라는 평가와 더불어 성리학적 범주를 벗어나지 못한 것으로 평가하는 상반된 연구 결과들이 나왔다. 연구사의 검토를 통해 지금까지 진행되어 온 연구에 있어서 문제점과 보완할 점을 찾아보고 이를 통해서 본연구의 필요성과 의미를 새겨볼 필요가 있을 것이다.

윤휴는 1617년에 태어나서 1680년에 賜死되기까지 64세의 생을 살았는데 대부분을 학문연구 특히 경전연구에 주력하였다. 그의 저술은 문집류의 글을 제외하고도 『효경』·『대학』·『중용』·『시경』·『서경』·『예기』·『주례』·『춘추』 등에 이른다. 지금까지 윤휴에 대한 연구는 대체로 네 가지로 나눌 수 있다. 먼저 理氣人心道心說에 관한 것이며, 둘째 경학에 관한 연구, 셋째 그의 경학을 바탕으로 한 경세론에 대한 연구, 넷째 禮訟에 관한 예학 연구이다.

윤휴의 경학에 대한 연구는 그의 경학 사상의 성격을 전반적으로 검토한 연구와 사서 특히 『중용』·『대학』에 대한 연구가 있으며 삼경 중에서는 시경론에 대한 연구가 있다.2) 백호 윤휴의 학문적 성향에

---

2) 윤휴의 경학에 대한 연구논문은 다음과 같다.
　　安秉杰, 1985, 「大學古本을 통해본 白湖의 經學思想研究」『民族文化』 11집 ; 安秉杰, 1987, 「白湖 尹鑴의 實踐的 中庸觀(1)」『안동대논문집』 9 ; 安秉杰, 1991, 「白湖 尹鑴의 實踐的 中庸觀(2)」『퇴계학』 3 ; 安秉杰, 1991, 『17세기 朝鮮朝 儒學의 經典解釋에 관한 연구』, 성대 박사학위논문 ; 安秉杰, 1995, 「白湖 尹鑴의 經學과 社會政治觀」『제5회 동양학 국제학술회의 논문집』, 성대대동문화연구원 ; 劉英姬, 1985, 「尹白湖의 庸學觀 研究」,

대해서 오늘날 반주자학, 탈성리학으로 규정하기도 하며 한편으로는 그를 성리학적 범주에서 이해해야 한다는 주장이 서로 엇갈리는데, 경학 사상에 대한 연구에서도 마찬가지로 대립되는 경향을 보인다. 윤휴의『중용』·『대학』에 대한 연구를 통하여 안병걸은 윤휴의 경학이 관념적인 주자학적 해석의 틀을 넘어서[3] 古經을 중심으로 한 실천을 중시한 것이었으며 이것은 그의 실천적인 사회사상으로 나타났다고 하였다.[4] 시경론에서도 윤휴의 경학사상은 주희 설의 정통적인 권위를 벗어나 새로운 체계적인 전망을 수립한 것으로 밝혀졌다. 김흥규는 윤휴의 시경론이 주희의 성리학적 이해를 벗어났지만 漢·唐대의 주석으로만 기울어진 것도 아니며 독자적인 해석 체계를 세우고자 한 것으로 결론지었다.[5] 박무영은 윤휴의 시경론이 주희의 시경 해석에 의문을 제기한 점에서 시경론의 근본적인 성격을 탈주자학적인 것이라고 규정하고 윤휴의 시경론이 權哲身을 거쳐서 정약용으로 이어지는 것으로 파악하였다.[6] 정호훈은 윤휴는『중용』·『대학』·『상서』를 비롯한 유교경전의 독자적 해석을 기반으로 주자학과는 다른 사상체계를 마련하고 있었음을 논증하고,『중용』·『대학』·『상서』「홍범」등에서 보이는 윤휴의 경전해석이 국가권력 강화론과 군주론에 어떻게 연결되어지는가를 탐구하였다. 최석기는 윤휴가 주자학적 범주에

고려대 석사학위논문 ; 金興圭, 1982,「反權威的 詩經論의 展開」『朝鮮後期 詩經論과 詩意識』; 朴茂瑛, 1985,「白湖 尹鑴의 詩經論 硏究」『한국한문학연구』8·9합집 ; 崔錫起, 1999,「白湖 尹鑴의 經學觀」『南冥學硏究』8집 ; 鄭豪薰, 1995,「尹鑴의 經學思想과 國家權力强化論」『한국사연구』89집 ; 安秉杰, 2003,「白湖 尹鑴의 經學」『民族文化』26집.

3) 安秉杰, 1985,「大學古本을 통해본 白湖의 經學思想硏究」『民族文化』11집.

4) 安秉杰, 1987,「白湖 尹鑴의 實踐的 中庸觀(1)」『안동대논문집』9 ; 安秉杰, 1991,「白湖 尹鑴의 實踐的 中庸觀(2)」『퇴계학』3.

5) 金興圭, 1982,「反權威的 詩經論의 展開」『朝鮮後期 詩經論과 詩意識』.

6) 朴茂瑛, 1985,「白湖 尹鑴의 詩經論 硏究」『한국한문학연구』8·9합집.

국한하여 경전을 해석하지 않고 경전의 본지를 탐구하는 가운데 주희와 다른 異說을 편 점은 인정되지만 이것을 곧 탈주자학적이라고 평가할 수는 없다고 하였다. 그 이유는 윤휴가 주희의 설에 반대한 것도 아니고 주자학에서 탈피하여 새로운 유학체계를 세운 것도 아니기 때문이다.[7]

각 연구자들이 윤휴의 학문적 성격 또는 경학사상의 성격을 특징지우는 기준은 두 가지 문제로 귀결된다. 첫째 윤휴가 경전 주석에서 주희의 설을 얼마나 수용 또는 비판하였는가? 둘째 윤휴는 기존의 주석을 수용 비판함으로써 자신의 독자적인 체계를 세웠는가 하는 문제이다. 앞에서 살펴본 바와 같이 기존의 연구를 검토해 보면 윤휴 경학사상의 전체 성격을 논하기에는 아직도 그의 경전에 대한 연구가 충분히 이루어지지 못하였다고 할 수 있다. 윤휴가 저술한 경전 주석서는 『효경』·『대학』·『중용』·『시경』·『서경』·『예기』·『주례』·『춘추』인데 『대학』·『중용』·『시경』 정도에 대한 연구가 있을 뿐이다. 윤휴가 저술한 각각의 경전 주석에 대하여 주희 설의 수용 비판 정도, 그리고 윤휴의 독자적인 체계의 수립 여부가 검토된 후에 그의 경학의 성격을 전체적으로 결론지울 수 있을 것이다.

윤휴의 『讀書記』 중에서 『독상서』는 그의 경학 사상의 일단을 드러냄에 있어 양과 내용에서 충분한 것임에도 지금까지 주목되지 않았다. 윤휴의 『대학』, 『중용』, 『시경』에 대한 연구를 통해 윤휴가 성리학적인 해석을 넘어서 독자적인 해석 체계를 수립하고자 했던 점이 규명되었는데, 이것이 그의 상서해석에서는 어떻게 나타나는가 하는 점이 함께 검증되어야 한다. 윤휴의 경학 전반적인 면모를 파악하기 위해서는 『독상서』에 대한 연구가 절실하다 하겠다.

박세당의 경학사상에 대한 연구는 『사변록』을 중심으로 한 그의 경학 전반에 대하여 검토하여 경학적 성격을 규정한 것이 있고 『대학』

---

7) 崔錫起, 1999, 「白湖 尹鑴의 經學觀」 『南冥學研究』 8집.

·『중용』·『시경』에 관한 연구 논문이 있다.[8]

박세당 경학 사상에 대한 연구는 이병도가 박세당의 경학 사상이 程朱學的인 학풍을 벗어나서 실증적이고 자유로운 태도로 孔孟의 본지를 찾아보려고 노력한 것으로 탈성리학적이라고 성격을 규정한[9]것을 효시로 하여 모두가 주자학적인 해석에 비판적인 태도였음을 논증하고자 하였다. 윤사순은 義理에 대한 것만을 표명하는 것에서 더 나아가 문장의 해석과 고증을 겸한 주해로서 정자와 주희의 주해에 대립하는 것으로 파악하였다.[10] 안병걸은 유학 본래의 실천 정신에 충실한 것이었고 정주학자들의 경학 해석을 공소한 허구라고 비판하는 입장이었음을 논증하고 박세당이 17세기 주자학적 이념이 극대화된 시기에 그 모순을 직시하고 경전 주해의 형식을 빌어 현실 중시적 실천 사상을 편 학자 가운데 첫 세대에 속하는 학자라고 하였다.[11] 위의 연구자들은 박세당 경학사상 전반에 대한 성격의 규정을 시도하면서도 검토의 대상은 사서 특히 중용 대학에만 한정되었다.

박세당의 중용에 대한 연구를 통해 그가 주희의 『중용장구』와는 다르게 독자적으로 分章하고 章次를 考訂한 것은 주희와는 다른 의미로 해석하려는 것이며 자신만의 해석을 시도한 것이라고 평하였다.[12]

---

8) 박세당의 경학에 관한 연구 논문은 다음과 같다.
   李丙燾, 1966,「朴西溪와 反朱子學的 思想」『대동문화연구』3집 ; 尹絲淳, 1972,「朴世堂의 實學思想에 관한 硏究」『아세아연구』15-2 ; 안병걸, 1993,「朴世堂의 독자적 經典解釋과 그 현실인식」『대동문화연구』28집 ; 안병걸, 1993,「西溪 朴世堂의 中庸解釋과 朱子學 비판」『태동고전연구』10집 ; 이승수, 1993,「西溪 思辨錄 저술태도와 是非 論議」『한국한문학연구』16집 ; 박천규, 1987,「朴西溪의 大學 新釋」『동양학』17집 ; 김홍규, 1980,「西溪 朴世堂의 詩經論」『한국학보』20집.

9) 李丙燾, 1966,「朴西溪와 反朱子學的 思想」『대동문화연구』3집.

10) 尹絲淳, 1972,「朴世堂의 實學思想에 관한 硏究」『아세아연구』15-2.

11) 안병걸, 1993,「朴世堂의 독자적 經典解釋과 그 현실인식」『대동문화연구』28집.

12) 안병걸, 1993,「서계 박세당의 중용해석과 주자학비판」『태동고전연구』

시경론에 있어서 박세당은 주희의 권위를 인정하지 않고 작품의 합리성을 근본원칙으로 하여 모든 주석을 비판·재검토함으로써 주해의 새로운 경향을 제시한 것으로 분석하였다. 이러한 박세당의 시경론은 주자설을 위주로 한 시경론으로부터 반주자적인 시경론으로 넘어가는 전환의 고비에 해당하는 것으로 경학사적 위치를 비정하였다.[13)

박세당의 경학 사상에 대한 것은 연구자 상호 간의 작은 차이는 있지만 대체로 주자학적인 경전 해석을 넘어서서 모든 설을 상대적인 위치에 두고 합리적인 기준에 따라 취사 선택한 것으로 보는 데에는 의견이 일치된다. 그러나 박세당의 경학 사상에 대한 성격 규정은 사서와 시경에 대한 연구를 통해서 검증된 것으로 그의 경학사상 전반을 규정하기에는 한계가 있다 할 것이다. 그의 경학 저술의 많은 부분이 아직 검토되지 못하고 있다. 그의 중요한 경학 주석서의 하나인 『상서사변록』에 대한 연구도 거의 이루어진 바가 없는 실정이다. 박세당의 경학 사상의 전모를 밝히고 지금까지의 연구 경향과 어떤 관계에 있는지 검증하기 위하여, 또한 조선 후기 상서학의 흐름을 정리하기 위해서도 『상서사변록』에 대한 연구 검토가 이루어져야 할 것이다.

성호 이익에 대해서는 그 실학 사상을 비롯하여 경세론·史論·이기론·예술론·문학론에 이르기까지 다양한 분야에서 많은 연구 업적이 축적되어 왔다. 그의 경학 사상은 경전주석서인 질서에서 집중적으로 보이지만 그 외에도 문집이나 『星湖僿說』에서도 단편적으로 보인다. 성호 이익은 『논어』·『맹자』·『중용』·『대학』·『시경』·『서경』·『주역』·『근사록』·『심경』·『소학』 등 모두 11종의 경전에 대한 주석서를 저술하였는데 이것을 총괄하여 『성호질서』라 하였다. '질서'란 독서 중에 체득한 것을 잊어버리지 않기 위해서 그때마다 기

10집.

13) 김홍규, 1980, 「서계 박세당의 시경론」 『한국학보』 20집.

록하여 둔 것이란 뜻이다.[14] 『맹자질서』를 시작으로 전개된 성호질서의 저술은 이익의 경학 사상이 응집된 총서라고 할 수 있다. 그의 경학에 대한 저술이 문집이나 『성호사설』에 비하여 방대하고 풍부함에도 경학에 대한 연구는 경세론이나 사론 등에 대한 연구에 비하여 상대적으로 소략한 편이다. 그의 경학에 관한 연구는 대체로 경학에 대한 기본 인식을 규명한 것과 『대학질서』를 비롯한 각각의 경전에 대한 연구로 나눌 수 있다.[15]

이익의 경학에 대한 연구는 먼저 사서질서에 집중하여 그의 경학적 특성을 성리학적 해석을 비판한 실학적 성격으로 규정한 것이 주목된다. 사서질서에 대한 분석을 통하여 그의 경학이 경세치용을 위한 실학적 바탕 위에 전개된 것이며[16] 당시에 절대적인 권위를 지녔던 정주학 유일성에 대한 반성적 자각을 제시하고 성리학 극복을 위한 학문적 자각임을 인정해야 한다고 하였다.[17]

이에 비하여 이익이 비록 주희의 설과는 다른 주석을 시도하였지만

---

14) 李瀷, 『星湖全書』 4, 『孟子疾書』, 「星湖疾書孟子序」, 491쪽, "疾書者何, 思起便書, 蓋恐其旋忘也." 『星湖全書』는 1987년에 간행된 驪江出版社 영인본(全7冊)을 저본으로 삼았다.

15) 이익의 경학에 대한 연구논문은 다음과 같다.
이지형, 1973, 「星湖經學의 實學的 展開」 『성대논문집』 17집 ; 宋甲準, 1988, 「星湖 李瀷의 經學思想(2)」 『哲學論集』 4집 ; 宋甲準, 1989, 「星湖 李瀷의 經學思想(3)」 『哲學論集』 5집 ; 權文奉, 1996, 「성호의 고증적 경서해석 방법 일고찰」 『죽부이지형정년기념논총』 ; 權文奉, 1992, 「星湖의 經學思想 研究 其二」 『원광대 논문집』 23집 ; 權文奉, 1992, 「星湖의 經學思想 研究 其三」 『원광대 논문집』 26-1집 ; 안재순, 1984, 「李星湖의 大學疾書에 대한 고찰」 『동양철학연구』 2집 ; 이해영, 1991, 「星湖 李瀷의 中庸理解에 관한 연구」 『안동대논문집』 13집 ; 金興奎, 1981, 「星湖 李瀷의 시경론」 『현상과 인식』 5-1 ; 최석기, 1988, 「星湖의 詩經註釋에 관한 일고찰」 『수선논집』 13집 ; 宋甲準, 1991, 「星湖 李瀷의 易學思想」 『철학논집』 6집.

16) 이지형, 1973, 「星湖經學의 實學的 展開」 『성대논문집』 17집.

17) 權文奉, 1992, 「星湖의 經學思想 研究 其三」 『원광대 논문집』 26-1집.

그것을 성리학적 성격을 완전히 탈피한 것으로 볼 수는 없다는 주장도 제기되었다. 송갑준은 이익의 경학관이 성리학적 경학관에 대한 것을 비판하고 치용을 위한 수단으로서 務實的 특색을 지닌 것이지만 대학 중용을 주석하면서 주희의 심성론과 성리설을 답습한 점도 있어 이익의 경학이 성리학적 경학관을 완전히 탈피하였다고는 볼 수 없다고 하였다.[18] 『논어질서』와 『맹자질서』에서 논어·맹자에 대한 주석의 시각은 오히려 주희의 집주를 근거로 한 것이라고 밝혔다. 성호 이익의 유학 핵심 개념에 대한 이해는 주자학적 범위를 넘어서지 못하는 것이며 이익의 경학사상은 반성리학적 구조의 경학이 아니라고 하였다.[19]

시경론에서는 경전은 새롭게 재해석되어야 한다는 것이 이익의 경전 주석에 대한 인식이었으며, 이익의 시경 주석은 조선 후기 경학사에서 윤휴와 박세당의 비판 정신을 이은 것이며 정조대의 개방적인 경전 해석의 흐름과 정약용의 시경론에 이어지는 것으로 분석하였다.[20] 淫詩 29편에 대해서 주희와 이익의 해석을 비교 분석하여, 이익은 그의 실용적 학문관에 근거하여 시를 修身·齊家·治國·平天下할 수 있는 風教로서 해석하여 이익의 시경론이 주희와는 상반되는 것으로 규명하였다.[21]

성호의 경학 저술의 성격에 대해서는 크게 주자학적인 해석의 범주를 넘어서서 새로운 주석을 추구한 것으로 평가하는 연구 결과가 있는 반면, 주자와는 다른 주석을 하였을지라도 그것만으로 반주자학으로 성격 지우기에는 문제가 있다고 이의를 제기한 연구도 있다. 이러한 연구들은 모두 특정한 자료나 중용, 대학, 맹자 등 개별 경전에 대

---

18) 宋甲準, 1988, 「星湖 李瀷의 經學思想(2)」 『哲學論集』 4집.
19) 宋甲準, 1989, 「星湖 李瀷의 經學思想(3)」 『哲學論集』 5집.
20) 金興奎, 1981, 「성호 이익의 시경론」 『현상과인식』 5-1.
21) 최석기, 1988, 「星湖의 詩經註釋에 관한 일고찰」 『수선논집』 13집.

한 검토를 통해서 이익의 경학 전반에 대한 성격을 규정하려고 하였다. 이익의 경학사상의 성격을 규정하는 것은 이익의 경전 주석서 각각에 대한 개별 연구가 이루어진 토대 위에서만이 총체적 성격 규명이 가능할 것이다. 본 논고에서 이익의 『서경질서』에 대해서 고찰하고자 하는 것은 위에서 언급한 바와 같이 이익의 경학적 특성을 총체적으로 조망하기 위한 각론적인 성격을 갖는 것이라 할 수 있다.

연구사 검토를 통해 드러난 바와 같이 윤휴, 박세당, 이익의 경학사상에 대해서는 상반된 견해가 존재한다. 이것은 각 연구자의 시각의 차이에 기인하는 것이기도 하겠으나, 개별 경전 주석에 대한 연구성과가 충분하지 못함에도 그 것을 토대로 경학의 총체적인 성격을 규정하려한 때문이기도 하다. 윤휴, 박세당, 이익의 기존 주석에 대한 수용 여부 특히 주희의 설에 대한 비판과 수용에 대한 구체적인 검토가 이루어져야 하고 이를 통해 독자적인 체계를 구축한 수준에 이르렀는지를 개별 경전에 대하여 검토함으로써 이들의 경학적 특성을 총체적으로 밝힐 수 있을 것이다. 이를 위해서는 지금까지 연구되지 않은 이들의 개별 경전 주석에 대한 연구가 이루어져야 한다. 본 논고에서 이들의 상서주석에 대해서 집중적이고 구체적으로 검증하려고 한 것은 이와 같은 목적에서 비롯된 것이다.

3. 연구의 방법과 범위

앞에서 전제한 바와 같이 조선 후기 경학의 흐름은 주자학적인 해석을 더욱 심화시키고자 하는 경향과 주자학적인 해석을 넘어서서 독자적인 경전주석체계를 세우고자 하는 경향으로 나눌 수 있다. 상서해석에 있어서도 이러한 두가지 경향은 어떻게 나타나는지를 검토함으로서 경학 전반에 관한 흐름을 조망해 볼 수 있을 것이다. 본 논고에서는 17~18세기에 걸쳐서 주희와 채침의 상서학을 비판적으로 수용하고 여러 가지 주석을 취사선택함으로써 독자적인 상서해석 체계를 수립하고자 했던 윤휴, 박세당, 이익의 상서주석 체계를 살펴보고자 한다.

윤휴, 박세당, 이익을 중심으로 17~18세기 상서주석의 새로운 경향을 살피기에 앞서 먼저 서설적으로 상서의 전래와 정착해 가는 과정에 대해 간략하게 검토를 할 것이다. 중국의 唐代의 『尙書正義』가 南宋代 채침의 『書集傳』으로 교체되면서 우리나라에서 이것을 수용하여 정착시키는 과정을 권근의 『書淺見錄』과 이황의 『書釋義』를 중심으로 살피게 될 것이다. 아울러 조선에 수용된 주희와 채침의 상서학에 대한 인식이 어떻게 변화되어 가는가 하는 문제를 고찰하고 이와 연관하여 언해본의 간행에 대한 문제도 살펴보았다. 이어서 조선 후기 상서 주석의 경향을 대체로 4가지의 범주로 나누어 그 흐름을 짚어보았다. 이는 본 논고에서 윤휴, 박세당, 이익의 상서주석이 조선 후기 상서학사 및 경학사에서 차지하는 위상에 대한 이해에 도움을 줄 것이다.

당시 주자학적인 경전해석이 강화되고 있던 17~18세기에 윤휴와 박세당은 주자학적인 상서해석을 넘어서는 단초를 열었고, 이것이 이익에 이르러 실학자의 상서학의 초기 형태로 발전하였으며 이러한 경향은 다산 정약용에 이르러 완성된 형태로 나타났다. 논지의 전개상 본 논고는 정약용의 상서학까지 포함되어야 하지만 그 자료가 방대하고 내용이 풍부하여 여기에 포함시킬 수 없었다. 장차 이 문제는 19세기 상서학에 대한 별도의 논고로 연구 분석되어야 할 것이다.

본 논문에서는 제3장부터 5장에 걸쳐 각각 윤휴, 박세당, 이익의 상서해석의 내용과 특성을 구체적으로 규명하고자 하였다. 우선 세 학자의 경전에 접근하는 기본적인 인식이 어떠한 것인지를 그들의 다양한 저술을 통하여 살펴보고 특히 상서에 관한 인식을 검출하고자 하였다. 즉 그들이 각각의 상서주석서인『독상서』·『상서사변록』·『서경질서』가 어떠한 경전 인식의 토대 위에서 이루어졌는지를 검증하고자 하였다.

이어서 이러한 인식 위에서 저술된 주석서들의 구성상의 특징과, 주석의 범위와 방식 편차에 대한 재배치 등을 통하여 상서 인식에 대한 관점을 짚어보고자 하였다. 그들이 독자적인 상서해석을 시도하면서 기존의 상서주석서들을 수용·비판하는 입장을 검토함으로써 윤휴, 박세당, 이익의 상서해석의 성격을 진단해 보고자 하였다. 특히 조선시대의 주요한 상서주석서인 채침의『서집전』에 대한 태도와 주희의 주석을 비판·수용하는 양상을 검증함으로써 이들이 어떻게 성리학적 상서해석을 넘어설 수 있었는지에 대한 것을 찾아보고자 하였다. 또한 이들의 상서주석서의 성격을 결정짓는 주요한 잣대로서 당대의 상서주석서인『상서정의』를 어떻게 수용하는가를 검토하였다. 아울러 大全本 내의 細註를 취사선택하는 기준과 인용하는 방법, 그리고 채침과 주희의 주석 가운데 어느 곳에 더 중점을 두었는지를 고찰하였다. 아울러 이들의 상서해석에 영향을 주었던 요소가 무엇인지를 검토함으로서 金仁山을 비롯한 北山學派의 영향이 있었음을 규명하였다.

이어서 윤휴, 박세당, 이익의 상서주석의 내용과 특징 의미에 대하여 고찰하였다. 주자학적 상서주석이 심성론 등에 주안점을 두었던 데 비하여 이들은 어구의 해석·역사·지리·천문·제도 등에 대한 고증에 치중하였던 점을 검증함으로써 이들의 상서해석에 특징을 드러내고자 하였다. 또한 박세당이 성리학적 상서해석을 배척하였던 점과 이익이 상서 자체에 대한 문헌 고증을 시도함으로써 상서 해석의 지평을 확대하였음을 검증하고자 하였다.

본 논문은 윤휴, 박세당, 이익의 상서해석을 분석 연구함으로서, 17세기 이후 정론화된 성리학적 상서해석을 비판하고 다양한 주석을 비판적으로 수용함으로써 새로운 상서해석을 시도하여 어느 특정 주석에 치우치지 않은 독자적인 상서해석 체계를 수립하였음을 검증하고자 하였다. 이것은 곧 윤휴, 박세당, 이익의 총체적인 경학적 특성을 밝히기 위하여 각 개별경전에 대한 구체적인 연구가 선행되어야 한다는 인식위에서 시도된 상서해석에 대한 기초적인 연구라고 할 수 있다. 앞으로 이를 토대로 하여 19세기 실학자들의 상서해석과 정조를 비롯한 홍석주·신작 등의 상서주석서들을 연구 분석함으로써 조선 후기 상서학의 총체적 성격을 조망할 수 있을 것이다.

제2장

조선 후기 상서학의 경향

1. 상서학의 수용과 정착

『한서』「예문지」에 의하면 중국의 상서학은 한대부터 비롯된다. 『한서』「예문지」에 다음과 같이 상서의 출현에 대해서 기록해 놓았다.

> 秦나라가 책을 불태우고 학문을 금하였는데 濟南 伏生이 벽에다 갈무리하였다. 한나라가 일어났으나 (벽에 갈무리한 것을) 잃어버리고 29편을 찾아서 濟‧魯 사이에서 가르쳤다. 孝宣世에 이르러 歐陽‧大小夏侯氏가 있어 學官에 세워졌다. 古文尙書는 공자의 벽에서 나왔다. 武帝 말기에 魯共王이 공자의 집을 헐어 그의 궁궐을 넓히고자 하다가 古文尙書와 『예기』, 『논어』, 『효경』 수십 편을 찾았는데 모두 古字였다. 공왕이 그 집에 들어가자 금슬과 종경을 연주하는 소리가 들렸다. 두려워서 그만 두고 헐지 않았다. 孔安國은 공자의 후손인데 그 책을 얻어서 29편과 대조하니 16편이 많았다. 공안국이 조정에 바쳤는데 巫蠱의 일을 당하여 學官에 세워지지 못했다.[1]

---

1) 『漢書』 卷30, 藝文志, "秦燔書禁學, 濟南伏生獨壁藏之. 漢興亡失, 求得二十

진나라의 분서갱유로 인하여 서적이 모두 멸실되었다가 한나라에
이르러 유학을 장려함에 경전을 찾았으나 대부분 망실되었다. 상서는
제남의 복생이 벽 속에 감추어둔 것을 다시 찾았는데 100편 중 28편
만을 얻었다. 『사기』 「유림전」이나 『한서』 「유림전」에 보면 복생은
진나라의 박사로서 그가 찾은 『상서』 28편을, 조정에서는 朝錯를 보
내서 받아오게 하였는데 이것을 한나라에서 쓰던 隸書로 정리해 왔으
므로 당시의 문자로 되어 있다 하여 『금문상서』라 하였다. 『금문상
서』는 전한시대에 태학에 박사로 세워졌다. 『고문상서』는 공자가 살
던 집을 헐다가 벽 사이에서 발견되었는데 이것을 공안국이 『금문상
서』와 대조해보니 16편이 더 많았다. 이를 조정에 바쳤는데 모두 진나
라 이전의 古字로 되어 있어서 『고문상서』라 하였다. 『隋書』 「經籍志」
에 보면,

　　　東晉에 이르러 豫章內史 梅賾이 비로소 공안국이 주석한 것을 찾아
　　서 조정에 바쳤다.2)

라고 매색의 『고문상서공전』의 출현에 대해서 기록해 놓았다. 동진에
이르러 예장내사 매색이 공안국의 『고문상서』 58편을 조정에 바쳤는
데 이것이 오늘날의 『상서』로서 뒤에 청의 고증학자들에 의하여 위서
임이 밝혀졌다. 그래서 중국의 『상서』는 『금문상서』, 『고문상서』, 『위
고문상서』의 세 종류가 있게 되었다.
　　한대에 출현한 『상서』는 南北朝와 隋나라를 거치면서, 馬融・鄭玄

九篇, 以敎齊魯之間. 訖孝宣世, 有歐陽・大小夏侯氏, 立於學官. 古文尙書
者, 出孔子壁中. 武帝末, 魯共王壞孔子宅, 欲以廣其宮, 而得古文尙書及禮
記・論語・孝經凡數十篇, 皆古字也. 共王往入其宅, 聞鼓琴瑟鐘磬之音. 於
是懼, 乃止不壞. 孔安國者, 孔子後也, 悉得其書, 以考二十九篇, 得多十六篇.
安國獻之, 遭巫蠱事, 未列于學官."
　2) 『隋書』 卷32, 經籍志, "至東晉, 豫章內史梅賾, 始得安國之傳, 奏之."

・王肅 등 많은 주석가에 의해 상서주석서들이 나오고 상서의 판본도 여러 갈래로 나뉘어졌다. 당대에 이르러 당태종이 孔穎達 등에게 명하여『오경정의』를 편찬하게 하였는데,『오경정의』중에서『상서정의』는 공영달이 동진의 매색이 조정에 바친『古文尚書孔傳』을 저본으로 하여 거기에다가 자신이 疏를 붙인 것이다. 이로써 매색의『僞古文尚書』는 국가공인본이 되고 과거에서 사용하게 함으로써 상서주석서로서 유일한 지위를 점하게 되었다.

송대에는 蘇軾・林之奇・呂祖謙 등의 상서주석서가 있었고, 남송에 이르러서는 주희의 명을 받아 채침이『서집전』을 저술하였는데 宋儒들이 저술한 상서주석서 중에서 가장 숭상되었으며 청대에 이르기까지 과거의 정본이 되었다. 이 책은 고려 말에 우리나라에 들어와서 세종년간에 대전본이 수입되기 전까지 활용되었고 권근이『서천견록』을 저술함에 이 책을 근거로 하였다.『서집전』은 원대에도 숭상되었으며 인종년간에는 과거조례를 정하였는데『상서』는『서집전』을 주로 하였다. 명의 영락년간에『오경대전』을 편찬하였는데, 여기에서 상서는『서집전』을 주로 하고 원・명대의 상서주석서를 취사선택하여 채침의 주석 아래에 세주를 붙인 것이『書集傳大全』이다.『서집전대전』은 세종 18년에 우리나라에 들어와서 조선조를 통하여 계속 정본으로 사용되어 왔다. 청대에는 고증과 훈고를 중시하여 그 주석이 더욱 정밀해져서 한・당의 諸儒들의 설을 넘어서는 경우도 종종 있었다.[3] 또한 閻若璩・崔述 등에 의한 저술이 나와서 매색의『古文尚書孔傳』이 위작임을 밝혔다. 염약거의『古文尚書疏證』은 조선 후기에 우리나라에 들어와서 상서에 대해 문헌고증적인 접근이 이루어지는데 많은 영향을 주었다. 특히 다산은 만년에 이 책을 보고 자신이 유배시절에 저술한 尚書주석을 모두 수정하였다. 염약거와 최술의 뒤를 이어 江聲의『尚書集註音疏』, 段玉裁의『古文尚書撰異』, 孫星衍의『尚書今古文

---

3) 屈萬里, 1984,『尚書集釋』, 聯經出版事業公司, 30쪽.

注疏』등의 저술이 있다. 이들은 모두 위고문 25편에 대해서는 주석을 하지 않았다.

고려 말까지는 중국 당대에 편찬된『상서정의』가 상서의 유일한 주석본으로 사용되어 왔다. 고려 말기에 채침의『서집전』이 전래 수용됨으로부터『서집전』이『상서정의』의 위치를 대신하게 되었다. 세종대에 明으로부터『서집전대전』이 전래되고 난 뒤로는 조선 후기까지『서집전대전』이 상서의 주석서로서 유일하게 사용되었고 실제로 조선시대 학자들은 당대의『상서정의』를 거의 이용하지 않았다.

조선 전기 상서학의 대표적 저술로서는 권근의『서천견록』과 이황의『서석의』를 들 수 있다. 권근은 려말선초의 대표적인 학자로서 경학에 관한 저술로써『五經淺見錄』을 남겼는데『춘추』를 제외한『시경』,『서경』,『주역』,『예기』가 지금 남아 있다.[4] 현재 우리나라 경학 저술로서는 가장 오래된 것이며 그 분량에 있어서도 경학사상 초유의 대 저술이다. 시·서·역·춘추는 저자가 益洲로 유배를 갔다가 40세 때인 공양왕 3년(1391)에 忠州로 돌아와 있을 때 저술하였으며,『예기』는 54세 때인 태종 5년에 완성하였다.[5]『오경천견록』중 일부인『서천견록』은 총 32개 조항으로 나누어서『서경』해석에서 문제가 되는 것에 대해 여러 주석가들의 견해를 인용하고 자신의 설을 붙여놓은 것이다.

권근의 서경에 대한 주석서인『서천견록』은 대체로 채침의『서집전』의 설을 성리학적 경학의 대표적인 저술로 인정하고 그의 설을 충실하게 수용하였다.[6] 전체 36조항에서 채침의『서집전』을 인용하고 그 설을 따른 것이 12개 조항에 이르며 그 나머지 조항에서도 대체로

---

4) 權近의『五經淺見錄』중 '春秋' 부분은 4쪽 가량이 남아 전해지고 있다.

5) 임형택, 1993,「書淺見錄·解題」, 韓國經學資料集成 49, 성대대동문화연구원.

6) 강문식, 2002,「權近의 詩淺見錄 書淺見錄에 대한 연구」,『한국학보』106.

채침의 설을 따랐다.[7] 채침의 『서집전』이외에 『맹자』나 『주자어류』 등을 인용한 것이 보이는데 비해 채침의 『서집전』이 전래되기 직전까지 사용되었던 『상서정의』에 대한 인용은 전혀 없다. 특기할 것은 채침의 『서집전』 내용 중에 잘못된 점을 비판하고 권근 자신의 독자적인 해석을 시도하였다는 점이다. 『서집전』의 오류를 지적하고 자신의 설을 낸 것이 3개 조항인데 모두가 사실 고증과 자구에 대한 고증이다. 「太甲」 상편 ‘自周有終’에 대해서 채침은 『서집전』에서,

> 周는 忠信이다. 國語에서 忠信을 周라고 하였다.[8]

라 하여 ‘周’를 ‘忠信’으로 풀이하였다. 이에 대해 권근은 『서천견록』에서,

> ‘自周有終’에서 先儒가 ‘周’를 ‘君’字가 잘못된 것으로 생각하였는데 문장의 의미와 매우 합당하다. 이편은 금문에는 없고 공안국이 고문을 정리할 때 ‘周’와 ‘君’의 古字가 서로 비슷하여서 잘못 전한 것이다.[9]

라고 하여 ‘自周有終’에서 ‘周’를 ‘君’字로 해석하였다. 위에서 본 바와 같이 권근은 『서천견록』에서 『서집전』을 근본으로 하였지만 일부에서는 채침과는 다른 자신의 독자적인 해석을 시도하기도 하였다.

대체적으로 권근은 『천견록』에서 자신의 독자적인 설을 세우기보다는 성리학적 바탕 위에서 『서경』을 해석한 채침의 『서집전』을 충실히 수용하고자 하는 입장에 서 있었다. 이것은 고려 말기에 수입된 성리학적 경전주석서를 정확하고 올바르게 해석하여야 할 필요성과 성

---

7) 강문식, 2002, 「權近의 詩淺見錄 書淺見錄에 대한 연구」 『한국학보』 106.
8) 蔡沈, 『書集傳』 卷4, 「太甲」 上, “周忠信也. 國語曰, 忠信爲周.”
9) 權近, 『書淺見錄』 「太甲」 上, “自周有終, 先儒以周爲君字之誤, 甚協文義. 此篇今文所無, 安國古定之時, 周與君古字相似, 故誤傳歟.”

리학적인 바탕 위에서 훈련된 후진을 양성해야만 하는 시대적 요구에 부응한 결과라고 보여진다.[10]

　이황의 『서석의』는 『삼경사서석의』 중에서 『서경』에 관한 일종의 주석서라고 할 수 있다. 『서석의』가 포함된 『삼경사서석의』는 선조 41년(1609)에 도산서원에서 처음 간행되었다.[11] 『서석의』는 퇴계가 『서경』 각 편에서 해석에 이론의 여지가 있는 구절만을 가려 뽑아 여러 이설을 소개하고 정확한 해석에 대한 자신의 결론을 내린 것이다. 문제가 되는 부분에 대해서 본문을 옮겨 쓰고 그 아래에 한글 또는 한문으로 주석을 붙인 것이다. 『서석의』에서 퇴계가 제기한 문제는 대부분 『서경』 문장을 우리말로 옮김에 있어서 발생하는 문제이다. 예를 들면 「태서」 중편 '朋家作仇'에 대해서는,

> 朋家作仇 家마다朋하야仇를作하야 ○ 仇ㅣ도외야 ○ 朋하야家마다
> ○家애셔붕하야 ○當從上一說[12]

라고 풀이하였다. '朋家'를 '朋하야 家마다'로 해석하는 것과 '家애셔 朋하야'로 해석하는 설, '作仇'를 '仇ㅣ도외야'로 해석하는 설을 소개하고 '家마다 朋하야 仇를 作하야'로 해석해야 한다는 것이다. 이것은 『서경』 경문에 대한 해석의 문제가 아니라 우리말로 풀이함에 있어서 몇 가지 설을 제시하고 첫 번째 설을 따라야 한다는 퇴계의 결론을 내린 것이다. 퇴계가 사서삼경 석의를 저술한 목적을 그의 문인 李德弘

---

10) 강문식은 권근이 채침의 『書集傳』의 입장을 충실하게 수용한 이유를 두 가지로 들고 있다. 첫째 고려 말 성리학 수용에 있어 중요한 역할을 한 권보, 이제현 등 권근의 가문의 영향 때문이며, 둘째 元代의 과거제에서 성리학적인 주석서를 국가 공인주석으로 사용된 점을 이유로 들었다(강문식, 2002, 「權近의 詩淺見錄 書淺見錄에 대한 연구」 『한국학보』 106).

11) 임형택, 1993, 「書淺見錄·解題」, 韓國經學資料集成 49, 성대대동문화연구원.

12) 李滉, 『書釋義』.

은 다음과 같이 설명하였다.

　　저 제경석의라고 하는 것은 속유들이 천착하고 부회하는 것 때문에
　나온 것이다. 그들은 경전의 뜻을 통하지 않게 하고 주석이 불분명하게
　하여 잘못된 것을 이어 받아 따름으로써 후학들을 기만하였다. 이래서
　모든 사람의 학설을 모아서 그중에서 취하고 버리고 하여 하나로 정하
　였다.13)

『서석의』에서 경문 자체에 대한 해석은 대체로 채침의『서집전』과
『서집전대전』의 해석의 범주를 넘어서지 않는다.

권근과 이황을 통해서 볼 때 조선 전기의 상서학은 주자학적 관점
에서 이루어진 서경주석서인 채침의『서집전』과『서집전대전』을 충
실하게 따르고 정확하게 해석하려는 노력이었다. 이는 고려 말기까지
사용된『상서정의』의 해석 체계에서 벗어나 주자학적 입장의 경전 해
석을 보급하기 위해서는 먼저 통일된 해석본이 있어야하는 현실적인
필요성에 기인하는 것이었다고 생각된다. 실제 이황의『서석의』를 보
면 해석에 있어서 입장의 차이도 있지만, 오히려 우리말로 옮기는 과
정에서 빚어지는 구결의 문제와 오역의 문제도 상당히 심각한 것이었
으며, 이러한 것을 해소하고 통일된 해석본을 낳기 위한 작업으로 이
루어진 것이라 볼 수 있다.14) 한 가지 특징은 채침의『서집전』이나 대

---

13) 李德弘,『艮齋文集』卷6, 記善總錄, "夫謂諸經釋義, 出於俗儒穿鑿傅會. 使
　　經義不通, 傳文不明, 承誤踵訛, 以欺後學. 於是蒐集諸人之說, 間有去取, 以
　　一其歸."
14) 金恒洙, 1987,「16세기 經書諺解의 思想史的 考察」『奎章閣』제10집, 서울
　　대학교규장각.
　　김항수는 퇴계의 釋義에 대하여 "퇴계의 사서삼경 釋義는 전체의 경문에
　　모두 구결을 붙여 諺解하지는 않고 있다. 중요한데도 잘못 해석되고 있으
　　며 잘못 해석될 수 있는 부분에만 구결 언해를 하였으며 잘못 해석된 예
　　와 올바르게 해석하는 근거를 설명하고 있다"고 했다. 즉 퇴계의 석의가
　　경전의 정확한 해석을 위하여 저술된 것이라고 하였다.

전본을 충실히 수용하고 있지만 이들의 주석을 절대적으로 신봉한 것은 아니라는 점이다. 채침의 주석과는 다른 자신들의 독자적인 해석도 시도하였던 점을 볼 수 있다. 그러나 성리학적 주석서 이외에 당대의 『상서정의』를 인용한 부분이 보이지 않는 것을 보면 이들의 상서주석의 범주는 역시 『서집전』이나 대전본의 범주 내에 머무르고 있다.

2. 상서 인식의 심화와 언해본 발간

조선시대 경연에서 『상서』는 중요한 강경의 대상 경전으로서 자주 거론되었는데 이것은 『상서』가 국가의 운영이나 정치의 원리로서 중요시 되었다는 것을 뜻한다. 경연에 나타난 『상서』에 대한 인식은 대체로 네 가지로 분류해 볼 수 있다. 첫째 통치제도에 대한 참고 자료로서 이용되는 것, 둘째 『상서』는 성인의 大經 大法을 수록한 것으로서 군주의 치도의 근거로서 인식되었고, 셋째 치도의 근거로서 상서에 대한 인식이 심화되어 학문적인 관심을 가지게 되었으며, 넷째 『상서』 경문에 대한 정확한 해석과 언해에 대한 문제가 제기되었다.

1) 통치제도에 관한 자료로서의 상서 인식

새로운 제도를 설치·시행함에 그 근거를 고전에서 찾아서 제도의 정당성을 확보하려 하였다. 이에 근거로서 인용되는 고전들은 『춘추』·『주례』·『통전』·『예기』·『사기』 등의 책과 더불어 『상서』 역시 주요한 참고 자료로서 이용되었다. 예악제도를 정비하는 것에서부터 사관의 설치·형법제도·즉위의식·금주령 등에 이르기까지 다방면에 걸쳐서 제도의 제정에 상서가 그 근거로서 인용되었다.

태종대에 사관의 입시를 논의하는 자리에서 다음과 같은 내용이 보
인다.

> 옛날 천자가 움직이는 것은 左史가 기록하고 말하는 것은 右史가 기
> 록하여 일을 기록한 것은 『춘추』가 되고 말을 기록하는 것은 『상서』가
> 되었다. 이래서 임금은 사관으로 하여금 늘 좌우에 입시하게 하여 一言
> 一動을 모두 기록하게 하여 후세의 본보기가 된지 오래입니다. … 전하
> 께서도 옛것을 본받아서 문사 8인을 선발하여 사관이라 이름하여 실록
> 을 관장하게 하소서 … 지난날 전하께서 사관의 진퇴의 잘못으로 근시
> 하지 못하게 하셨습니다. 신 등은 전하의 아름다운 언행이 후세에 모두
> 전해지지 못할까 근심스럽습니다. 전하께서는 저희들의 충정을 받아들
> 이어 고전을 본받아 사관이 청정하는 옆에 날마다 입시하도록 함으로
> 서 만세의 모범이 되소서.[15]

실록을 관장하고 왕의 동정을 기록하는 사관 제도를 만들고 이들을
매일 입시케 하는 제도를 정착시키고자 하는 가운데 고대의 사관제도
를 상고하기 위하여 『상서』와 『춘추』를 들어서 근거로 삼았다.

조선 초기에 국가의 전례·예제·정치·사회제도 등을 연구 제정
하기 위하여 儀禮詳定所를 설치하였다. 태종대에 설치되어 세종 17년
폐지될 때까지 고례·고제를 연구하고 새 왕조의 기틀이 될 각종 의
례·예속·법령·제도 등을 심의 제정하였다. 의례상정소에서 제도를
정비·제정하는 과정에서 상서가 제도에 대한 전거로서 여러 차례 제
시되었다. 세종 15년 의례상정소에서 예악제도를 정비하는 문제를 논
하는 가운데 다음과 같이 상서를 인용하였다.

> 상정소에서 다음과 같이 아뢰었다. 「우서」에서 '금슬을 연주하여 노
> 래하고 관악기와 북은 아래에 두고 柷과 敔로서 시작하고 그치며 笙鏞
> 으로 사이에 한다'[16]라는 것을 살펴보면 이것은 堂上 堂下에 음악을 설

---

15) 『太宗實錄』 卷25, 太宗 13년 1월 丙申.
16) 『尙書』 卷2, 益稷, "搏拊琴瑟, 以詠祖考來格. 虞賓在位, 羣后德下管鼗鼓, 合

치하는 제도의 선조이다. … 대개 예악에 관한 일은 唐虞 삼대로 본보기를 삼아야 한다. 고사를 연구하여 근거로 삼는데는 육경을 우선하여야하며 통하지 않는 것이 있으면 백가와 역사와 전을 참고해야 한다. 지금 『상서』와 예경의 문자가 명백한데 어찌 송 휘종의 제도를 취하는가?[17]

　　상정소에서 당상악과 당하악의 제도를 마련하면서 상서에서 당상·당하악에 선행하는 형태의 예악 제도를 근거로 삼아 참고하였다. 세종은 예악의 제도를 정비함에 당우 삼대를 본보기로 삼아야 한다고 하고 고사를 연구함에는 육경을 우선하여야 한다고 하였다. 당우 삼대의 고제에 관한 근거를 육경을 통해 찾고자 한 것이다. 여기서는 당상·당하악의 근원을 당우 삼대의 제도에까지 거슬러 올라가 그 근원을 찾으려 한 것이고 이것을 육경 중에서 『상서』「舜典」에서 근거를 찾은 것이다. 세종 17년에 절도를 방지하고 처벌하는 형법을 정비함에 상정소에서는 상서대전에서 徒流의 법은 절도를 근절시키기 어려우니 宮刑의 오형제도를 시행함으로써 난의 근본을 없애버릴 수 있다는 주희의 주석을 인용하여 제도 시행의 정당성과 효율성을 입증하고자했다.[18]

　　문종 원년에 집현전에서 천자의 명을 맞이할 때의 복색에 관하여 고제를 상고하여 다음과 같이 아뢰었다.

　　　　집현전에서 천자의 명을 맞이할 때 복색에 대한 고제를 상고하여 아뢰었다. …『상서』를 살펴보면 강왕이 책명을 받는데 길복을 입고서 받았다. 일이 끝나고 다시 길복으로 應門안으로 나가서 제후들에게 모두 나가라고 명한 후 왕은 면복을 벗는다고 하였다. 그러므로 신들은 제후가 천자의 명을 받음에 길복으로 하여야하고 또 예에 삼년상에 처했을

止祝敔, 笙鏞以間."
17) 『世宗實錄』 卷60, 世宗 15년 6월 己酉.
18) 『世宗實錄』 卷69, 世宗 17년 7월 戊戌.

경우에는 부형의 상복을 벗어야 한다. 상복을 벗고서 일을 마치고나서 다시 상복을 입어야 한다고 생각합니다. 그런즉 천자의 명을 받는 자는 命服을 입어야하고 사신이 나가고 난 후에 다시 상복을 입고 즉위하여 곡하는 것이 예법에 맞고 또 인정에도 부합하는 것입니다.[19]

왕이 천자의 책명을 받을 때에 복색에 대하여 고증하는 가운데『상서』의 「康誥」편을 인용하여 근거로 삼았다. 여기에는『통전』과『주례』의 설과 함께『상서』의 내용을 참고하였다.『상서』「강고」편에서 천자는 길복을 입고 顧命을 받은 후 응문안으로 나아가서 제후들 앞에서 즉위식을 행한 후 다시 상복을 입고서 상에 임한다는 내용을 근거로 삼은 것이다. 따라서 제후가 중국 천자의 책명을 받을 때 길복을 입어야하고 비록 부형의 상중이라고 하더라도 명을 받을 때에는 천자가 내려준 명복을 입고서 책명을 받아야한다고 고증하였다. 복색에 관한 문제는 즉위식을 거행하는데 있어서도 길복을 입을 것인지 상복을 입어야 할 것인지에 대한 문제가 여러 차례 거론되었다. 그때마다『상서』의 「강고」편을 그 근거로 삼았다. 정조는 즉위식에서 길복을 입을 것을 아뢰는 신하들에 대하여 다음과 같이 상서를 근거로 들었다.

　　여러 신하들의 심정에 몰리어 왕위에 서기는 하겠으나 면복으로 예식을 거행하기는 내 마음에 두려움을 느낀다. 이 예는『서경』의 「康王之誥」에 보이는데, 소식의 註說에 '상복차림 그대로 관례를 거행해야 한다'라고 하여 예법이 아님을 비난한 것을 채침이『서집전』에 수록해 놓았다. 亮闇에 관한 법을 비록 거행하지 못한다 하더라도, 衰服을 벗고 길복을 입는 것이 가하겠는가?[20]

영조가 죽고 나서 정조가 즉위식을 거행하는데 신하들의 강권에 의하여 면복, 즉 길복을 입고 즉위식에 나아가면서 정조가 신하들에게

19)『文宗實錄』卷2, 文宗 즉위년 6월 壬午.
20)『正祖實錄』卷1, 正祖 즉위년 3월 辛巳.

말한 내용이다. 비록 즉위식에서 상례에 따르지는 못할지라도 길복이
아닌 상복을 입어야 마땅함을 채침이 인용한 소식의 설을 그 근거로
제시하였다. 군주가 죽으면 신왕이 면복을 입고서 즉위식을 거행하고
다시 상복을 입고서 상례를 거행하는 것으로 상서에 기록되어있다.
그러나 선왕이 죽은 직후에 상례로 들어가기 전에 먼저 면복 즉 길복
을 입고서 즉위식을 먼저 거행하는 것이 상중의 신왕에게는 받아들이
기 어려운 것이었다. 그래서 이 문제는 즉위식마다 거론될 수밖에 없
었다. 그래서 윤휴, 박세당, 이익도 이 부분에 대해서는 자신들의 생각
을 상세하게 주석으로 붙였다.

중종에 대한 묘호를 정하는 데에서도 『상서』 「無逸」편을 다음과 같
이 인용 전거로 삼았다.

> 尹仁鏡이 "상께서 『상서』 「무일」편의 殷王 中宗의 일을 살펴보시고
> 바로 大行大王과 비슷하다고 하신 적이 있습니다"라고 하고 「무일」편
> 중에 은왕 중종에 대한 사실을 표지를 붙여 아뢰었다.[21]

인종은 중종이 승하하자 묘호를 정하는 데 있어서 중종이 반정을
통해서 어지러운 나라를 바로잡고 안정시켜 다시 부흥한 공적이 殷
의 중종과 비슷하다고 생각하였다. 그래서 『상서』에서 '殷道復興 號
稱中宗'이라고 한 것을 따라서 중종으로 묘호를 정하고자 하였다. 이
에 윤인경 등이 왕의 뜻에 따라 『상서』의 해당 편을 표시하여 참고하
게 한 것이다.

조선 초기에 통치 제도를 제정 정비하는 과정에서 『상서』의 내용이
전거로서 제시되는데 특히 세종·문종·성종년간에 儀禮詳定所와 집
현전에서 집중적으로 나타난다. 이후에도 중종년간 형법제도의 정비
와[22] 즉위절차에 관하여[23] 『상서』를 전거로서 인용하였다. 또한 금주

---

21) 『仁宗實錄』 卷1, 仁宗 1년 1월 庚子.
22) 『中宗實錄』 卷20, 中宗 9년 5월 戊子. 『文宗實錄』 卷20, 文宗 9년 8월 丙午.

령 반포와 관련하여 『상서』에서 금주에 관한 내용을 담고 있는 「酒誥」편이 몇 차례 제시되었다.[24] 『상서』가 통치 제도에 관한 자료로서 인용되는 것이 조선 초기에 비교적 많이 나타난 것은 통치 제도의 제정과 정비가 많았기 때문이다.

2) 치도의 원리로서의 상서 인식

『상서』는 경연에서 가장 우선시 되어야 할 경전으로 받들어졌으며 육경 가운데에서 치도를 담고 있는 것으로 가장 먼저 알아야 할 경전으로 인식되었다. 그래서 서경은 二帝 三王의 법을 담고 있는 경전으로서 군주의 치도의 근거로서 중요시 되어 경연에서 논강되었을 뿐만 아니라 세자의 書筵에서도 주요 과목으로 정해져있다. 『상서』가 왕과 세자에게 치도의 경전으로 중요시 되었을 뿐만 아니라 후대에 선왕들의 치적을 평가하는 잣대가 되기도 하였다. 예종대에 梁誠之는 예종이 '오경 중에서 『상서』를 언제나 관람하고 있으니 그 다행함을 이기지 못하겠다'[25]고 까지 하였다. 양성지는 『상서』를 국가를 다스리는 원리를 제시한 경전으로 인식하여 「皇極治平圖」를 만들어서 『상서』「홍범」편의 구조를 원용하여 치도의 원리와 방법을 제시하였다. 이 도상에 중심에 황극을 두고 위에 '敬天'과 아래에 '愛民'을 두었다. 왼쪽 위에 奉先과 오른쪽 위에 事大를 두어 높여야 할 두 대상을 제시하

---

23) 『中宗實錄』卷105, 中宗 39년 12월 戊寅.

24) 중종 9년에 눈이 내리길 비는 예를 행하고서 술을 경계할 것을 반포하기를 청하자 민심의 향배를 근심하였다. 이에 대해 세종대에도 술을 경계할 것을 반포하였고 『尚書』에도 「酒誥」가 있음을 들어서 옛날부터 술에 대한 금령이 있었음을 『尚書』「酒誥」편을 근거로 삼았다(『中宗實錄』卷21, 中宗 9년 10월 乙卯).

25) 『睿宗實錄』卷6, 睿宗 1년 6월 辛巳, "五經中, 尚書常常觀覽, 不勝幸甚."

였으며, 왼쪽 아래에 交隣과 오른쪽 아래에 備邊을 두어 수행해야 할 두 임무를 제시하여 신체에 사지를 갖추었다. 그 다음 왼쪽에 정심·수신·제가·치국의 통치원리를 갖추고 오른쪽에 任人·納諫·賞善·伐惡의 통치 방법을 상응시켰다. 『상서』「홍범」편을 응용하여 모두 19綱 91目의 강목적 구조로 통치의 원리와 방법을 체계적으로 도상화했다.[26] 중종대에 영의정 柳洵은 경연에서 진강하는데 아침에는 『상서』를 하였다. 이 책은 제왕의 지치의 근본으로서 오경 중에서는 먼저 알아야 한다고 하여 치도의 원리로서 상서의 중요성을 강조하기도 하였다.

상서 58편 중에서 치도에 관한 것으로서 「홍범」·「주관」·「무일」·「열명」·「대우모」가 주로 인용되는데, 「홍범」은 군주의 수신과 치도를 담은 것으로서 제일 많이 인용되었으며 「주관」은 관직제도와 인재등용과 관련되어 인용되었고, 안일한 자세를 갖지 말고 늘 경계하도록 자세를 일깨우기 위하여 「무일」을 인용하였다. 「열명」은 군신관계의 조화와 인재발탁을 담은 내용으로서 「대우모」는 인심·도심론과 관련한 수신의 원리로서 강조되었다.

상서는 성인의 心法을 전하는 경전으로서 국가의 치란·존망과 관련된 경전으로 인식되었다. 중종 대에 경연에서 시강관 李熙騫은 치도의 근원으로서 상서에 대하여 다음과 같이 말하였다.

> 聖經이 비록 경중이 없는 것이지만 그러나 서경은 二帝·三王이 심법을 전하는 경전으로서 치평의 근본이 여기에 구비되어 있다. 그래서 '이제 삼왕은 이 마음을 보존하였고 하의 걸과 상의 주는 이 마음을 잃어버린 자들이다'라고 하였다. 그런즉 이제 삼왕은 다스려지게 되고 걸과 주가 어지러이 된 것은 단지 이 일심의 보존과 망실의 결과일 뿐이다.[27]

---

26) 금장태, 2002, 『韓國儒敎思想史』, 한국학술정보, 75쪽.
27) 『中宗實錄』 卷57, 中宗 21년 11월 戊申.

국가의 치란 존망이 성현의 심법을 보존하는가 망실하는가에 달렸으므로 군주가 언제나 이 심법을 마음속에 간직해야 할 것을 강조한 것이다.

성종 대의 경연에서 치도의 원리로서 상서에서 전해온 이제·삼왕의 심법이 무엇인지 그 구체적인 내용에 대해서 다음과 같이 논하였다.

> 『상서』서문을 강하는데 '文以時異 治以道同(글은 시대에 따라 다르지만 정치는 도로서 같다)'이란 구절에 이르자 上이 "글이 시대에 따라 다르다는 것이 무슨 말인가?" 하였다. 시독관 김응기가 "요가 순에게 준 것은 '允執厥中'이라 표현하였고 舜이 禹에게 준 것은 人心惟危 道心惟微 惟精惟一 允執厥中이라 하였다. 禹가 苗족을 정벌할 때는 '一乃心力 旣克有勳'이라 하였고 湯이 夏를 정벌할 때는 予則孥戮汝 亡有惟赦라 하였는데 (이것이) 이른바 글이 시대에 따라 다르다는 것이다"라고 하였다. 응기는 다시 아뢰기를 "상서는 이제 삼왕의 천하를 다스리는 도가 실려 있는데, 경이란 것은 聖學이 처음을 삼고 마지막을 삼는 것입니다. 堯의 欽明과 舜의 溫恭, 禹의 祗承, 成湯의 建中, 武王의 建極이 모두 敬을 마음에 간직한 것입니다. 人主는 하루에도 만 가지 기미가 일어남으로 한 생각이라도 삼가지 않으면 사해에 걱정을 끼치며 하루라도 삼가지 않으면 천 백년의 근심을 초래합니다. 敬이란 것은 인주가 엄정하게 살펴야 하고 잠시라도 소홀히 할 수 없는 것입니다"라고 하였다.[28]

상서는 이제 삼왕의 심법을 담고 있으며 그것은 요·순·하·은·주의 시대에 따라 堯의 欽明과 舜의 溫恭, 禹의 祗承, 成湯의 建中, 武王의 建極으로 표현은 다르더라도 이 천하를 다스리는 도로서 그 내용은 다르지 않다는 것이다. 상서가 전해온 이제 삼왕의 심법의 핵심은 '경'이며 이것은 聖學이 학문의 처음과 끝으로 삼는 것이며 군주가 마음속에서 잠시라도 잊어서는 안 될 것이라고 하여 치도의 원리로서 敬을 강조하였다. '建中'·'建極'이란 군주가 만인이 본보기로 삼을 표

---

28) 『成宗實錄』 卷165, 成宗 15년 4월 乙亥.

상이 되어야 한다는 것이다. 군주가 만인의 기준이 되기 위해서는 먼저 자신을 수양해야 하며 이에 修己의 덕목으로 '敬'이 강조되었다. 『상서』에서 치도의 근본 원리로 일컬어 오던 이제 삼왕의 심법을 경으로 구체화시킴으로써 이것은 군주의 수양론으로 이어졌다. 사림파의 도학정치에서 주장하는 '임금의 마음을 바로 잡는다'는 것은 여기 성종대의 경연에서 군주의 치도로서 '敬'을 강조한 것과 같은 맥락에서 이해될 수 있다.

성종대에 洪應이 경연에서 經·史·子·集 가운데 경전의 중요성을 강조하고 이를 공부하는 방법을 제시하는 가운데 성종은 『상서』의 중요성을 다음과 같이 지적하였다.

> 강이 끝나자 시강관 李世雨가 아뢰기를 "오늘 주강은 『전국책』을 강하려 했습니다. 신이 생각하건데 네 번째 경연에서 모두 諸史로 할 수는 없습니다. 경학을 강할 것을 청합니다"라고 하였다. 상이 좌우에 물으니 영사 洪應이 아뢰기를 "정치를 하는 도는 실로 경학에 근원하여야 합니다. 경학을 근본으로 하고 子와 史로서 참고한다면 좋을 것입니다. 옛사람들이 博我以文 約我以禮라고 하였는데 신은 비록 諸史로서 넓게 한다고 하지만 性理之學으로 축약해야 修身·齊家·治國·平天下에 도움이 있을 것이라고 생각합니다"라 하였다. 상이 말하기를 "그렇다면 당연히 『상서』를 읽어야 한다"고 하였다. 홍응이 "『상서』는 정치의 율령과 군신이 서로 경계하는 말이 이보다 훌륭한 것이 없습니다"고 하였다.[29]

이 자료에서 치도의 근원으로서 상서가 당시에 매우 중요한 경전으로 인식되었음을 볼 수 있다. 우선 경연에서 역사서와 경전의 자리매김에서 경전을 주된 위치에 두고 子와 史를 보조적인 위치에 두었다. 특히 치도에 관한 한 경전의 중요성은 子와 史로써 역대의 치도에 대한 지식을 넓힌다 하더라도 경전으로 축약해야만 修身·齊家·治國·平天下에 도움이 된다고 하였다. 이에 대해 성종이 '그렇다면 경전 중

---

29) 『成宗實錄』卷151, 成宗 14년 12월 丁卯.

에서도 당연히 『상서』를 읽어야 한다'고 말한 대목에서 치도에 관하여서는 『상서』가 모든 경전 중에서도 가장 중요한 경전으로 인식되고 있었음을 알 수 있다. 나아가서 홍응은 경전을 읽는 가운데도 성리지학을 통해서만이 국가를 다스리는데 도움이 된다고 하였다. 이것은 당시의 경전을 해석하는 태도를 보여주는 것으로 홍응의 주장에 따르면 『상서』에 있어서는 채침의 『서집전』의 중요성을 강조하는 것으로 해석된다.

인재 천거의 문제와 관련하여 성종은 경연에서 『상서』를 인용하여 신하들과 인재론에 대하여 다음과 같이 논의하였다.

> 『상서』를 강함에 '而難任人(제멋대로 하는 사람을 등용하는 것을 어렵게 여기다)'에 이르자 임금이 "신하로서 명령을 받들지 않는 자와 아첨하며 뜻을 따르기만 하는 자중에서 어떤 자가 더 불가하겠는가?"라고 물었다. 이맹현은 "훌륭한데도 어기는 것은 진실로 불가합니다. 이치에 맞지 않는데도 뜻을 따르기만 하는 것은 아첨하는 사람으로 더욱 불가합니다"라고 하였다. … 講이 '后克艱厥后[30](임금은 임금의 도를 어렵게 여겨야 한다)'에 이르자 이맹현은 "'근심이 없을 때를 경계하고 법도를 그르치지 말며 안일함에 놀지 말며 즐거움에 지나침이 없게 하라'는 (『상서』의) 몇 글자가 진실로 제왕들이 마음을 두어야할 곳입니다. 경계할 것이 없을 때에는 안일하고 즐거움에 빠지기 쉽습니다. 唐玄宗은 開元初에 조정에서 구슬과 비단을 태워버려서 현명하다고 할 만했습니다. 天寶 후에는 천하에 근심이 없음을 믿고 황음무도하여 파천함에 이르렀으니 근심이 없을 때 경계하지 못한 때문이었습니다. 전하께서는 여기에 잠심하소서"라고 하였다.[31]

인재를 판별하여 등용하는 문제에서 시작하여 임금이 정치에 임하여 경계할 바를 논하는데 이르렀다. 관직제도와 인재 등용을 주된 내용으로 한 「주관」편에 '관직에 재능 있는 자를 천거하면 곧 너의 현명

---

30) 『尙書』 卷2, 大禹謨.
31) 『成宗實錄』 卷45, 成宗 5년 7월 己巳.

함이 되며 합당하지 않은 사람을 천거하면 너는 맡은 바를 잘하지 못한 것이다'라는 내용을 인용해서 당시의 관리 천거제도를 비판하였다. 부적합한 자를 천거하는 것에 대한 처벌이 없어서 뇌물을 받은 관리들도 천거하는 염치없는 일이 일어나니 처벌을 엄하게 하여 사사로운 정으로 천거를 잘못하는 자를 처벌해야 피천거인도 함부로 천거에 응하지 않을 것이라 하였다.

군주가 신하의 간언을 받아들이는 문제에 대하여,

> 왕이 『상서』를 보다가 '나무는 먹줄을 따르면 바르게 되고 군주는 간언을 따르면 성인이 된다'는 구절에 이르자 모시고 있던 신하들에게 '임금의 도가 무엇이 여기에 더할 수 있겠는가? 군주뿐만이 아니라 신하된 자들도 이 말을 다 받아들인 후에야 임금에게 간언할 수 있을 것이니 너희들도 마땅히 알아두어야 할 것이다.'[32]

라고 하였다. 간언을 받아들여야 하는 군주만이 아니라 간언을 올리는 신하들도 마땅히 『상서』에서 말한 간언의 도를 실행할 것을 주문한 것이다.

3) 상서 인식의 심화와 학문적 접근

상서의 문장을 정확하게 해석하는 문제는 조선 건국 초기부터 문제시되었다. 중추원사 전백영이 경연에서 정종에게 군주의 학문은 상서만한 것이 없지만 다섯 가지 誥와 「盤庚」·「禹貢」 등의 편은 난삽하여 읽기 어려운 곳이 있으니 꼭 진강할 필요는 없다고 아뢰었다.[33] 당

---

32) 『燕山君日記』 卷2, 燕山君 1년 1월 丁酉.

33) 『定宗實錄』 卷4, 定宗 2년 4월 6일 辛丑, "御經筵, 中樞院事全伯英, 言於
上曰, '人君之學, 莫如尙書, 然五誥·盤庚·禹貢等篇, 有佶屈難讀處, 不必
進講.'"

시에 채침의 『서집전』이 중국으로부터 수입된 직후 서경에 대한 정확한 해석이 문제가 되었던 것을 볼 수 있다. 이와 같은 문제는 태종이 권근에게 상서 경문에 대해서 구두점을 찍어서 바치라고 명한 것에서도 잘 나타난다.34) 상서가 통치의 자료로서 치도에 관한 근거로서 경연에서 자주 논강되면서 현실 정치에 올바르게 응용되기 위해서는 정확하고 상세한 의미가 무엇인지에 대해서 논란이 일어날 수밖에 없었다. 이것은 상서의 해석에 대해서 학문적인 접근을 초래하게 되었고 이러한 경향은 시대가 내려갈수록 강화되어 갔다.

성종의 행장을 대제학 성세창이 지었는데 이에 대해서 간관들이 잘못된 곳이 있다고 하고 김취문은 『상서』「강고」의 문장을 인용하여 초상에 하례를 받고 하례를 올리는 것은 잘못된 것이라고 상소함으로써 행장에 대한 검토가 시작되었다. 김취문은 상소에서 중종이 상중에 있으면서도 즉위한 것에 대한 신하들의 하례를 받은 것은 온당하지 못하니 고례에 따라서 하례를 물리치고, 상중이니 베옷을 입고서 정사에 임할 것을 간언하였다. 왕위를 이어받을 때 상복을 벗고 길복을 입는 것은 종묘사직과 생민을 중하게 여긴 것이긴 하나 군주로서의 지위에 상관이 없다면 상중에 하례를 받는 것은 중지해야 한다고 주장하였다.35) 이에 대하여 중종은 상중이라서 살피지 못한 것이라며 자신의 잘못이라고 하였다. 임금이 잘못을 인정하게 되자 이 일에 관계된 신하들은 김취문의 상소에 대해 의논하지 않을 수 없게 되었다. 의정부와 양사 홍문관이 모두 모여 의논하는 자리에서 좌의정 홍언필은 김취문의 상소문에 대해서,

> 이 就文의 주장은 『상서』「康王之誥」의 蘇氏의 논의에서 나온 것이다. 우리들이 諸儒의 집주를 취하여서 상세히 살펴보니 잘못되지 않았

---

34) 『太宗實錄』 卷3, 太宗 2년 5월 10일 壬辰, "命書尙書經文, 令權近, 點句讀以進."
35) 『中宗實錄』 卷105, 中宗 39년 12월 甲辰.

다(면복을 입고 즉위한 것은). 왕위를 이어받은 처음에 천하에 엄정함을 보이려는 것이다. 만약 하지 말아야 될 일이라면 공자가 어찌 취하여서 육경에 실었겠는가? 이래서 역대와 조종이 이 예를 따르지 않은 자가 없다. 우리들의 일이 어찌 잘못될 수 있는 것이겠는가? 조정에서 이러한 뜻을 아뢰는 것이 좋을 것이며 上께서도 상서를 읽으신 적이 있으므로 반드시 알고 있을 것이다.36)

라 하였다. 『상서』 「강왕지고」편에 '王釋冕服 反喪服'37)의 구절이 있다. 강왕이 길복인 면복을 입고서 고명을 전수받고 절차를 끝내고서 면복을 벗고 상복으로 돌아갔다는 것이다. 여기에 대해 소식이 성왕이 죽고 나서 군신이 모두 면복을 하는 것은 예가 아니며 예를 바꾸는 것은 부득이한 경우에만 가능한 것이라고 하였다. 홍언필 등은 김취문이 상소한 내용은 바로 이 소식의 주장에 근거한 것이라고 판단하였다. 이에 대하여 제유의 설을 모아서 상세히 살펴서 자신들이 잘못되지 않았음을 주장하였다. 제유가 누구인지를 명시하지 않았지만 「강왕지고」에 대한 이 구절에 대하여 채침을 비롯한 제유의 주석가들은 소식의 설을 비판하고 면복으로 즉위식을 하고 다시 상복으로 돌아가는 것이 예에 어긋나지 않는다고 결론지었다. 왕의 즉위식에 대한 복식의 문제를 비롯한 예제에 관한 논의는 상서경문에 대한 해석의 문제로 귀착이 되었다. 경문에 대한 해석의 문제는 정확하고 정밀한 결론을 내리기 위하여 결국 주석의 취사선택의 문제로 이어졌다. 통치의 근거 자료로서의 상서의 문제가 결국은 상서의 정확한 해석의 문제로 전화되고 이러한 것을 계기로 하여 상서에 해석을 둘러싼 학문적인 접근으로 이어지게 되었고 따라서 상서에 대한 인식이 심화되어갔다.

중종대에 예제로 말미암아 비롯된 상서경문에 대한 정확한 해석과 주석의 취사선택의 문제는 선조대에 이르러서는 경연에서 상서 경문

---

36) 『中宗實錄』 卷105, 中宗 39년 12월 戊寅.
37) 『尙書』 卷11, 康王之誥.

의 해석을 둘러싸고 유희춘과 이이, 김우옹 등에 의해서 빈번하게 토
론으로까지 발전하였다.

유희춘은 경연에서 『상서』 「仲虺之誥」편의 '德日新'에서부터 '自用
則小'[38]에 이르는 일단락에 사서의 뜻이 다 들어 있다고 하며 상서를
사서의 내용과 대비하여 풀이하였다.

中虺之誥와 四書 대비표

서　경	사　서
德日新 萬邦惟懷 建中于民 以禮制心 以義制事	大學 : 明明德 平天下 中庸 : 致中和 而位天地育萬物 論語 : 修己以敬 孟子 : 事事集義

유희춘의 주장에 대하여 이이가 비판함으로써 양자 사이에는 다음
과 같은 논전이 일어났다.

　　　李珥가 "(상서의) 이 단락은 躬行을 말한 것이지 致知를 말한 것은
　　　아니다. 예와 의(以義制事 以禮制心)의 바른 것을 택하면 치지 또한 그
　　　안에 있다"고 하였다. 유희춘은 이 단락은 "스승을 높이고 묻기를 좋
　　　아한 것이며 師友들이 더욱 노력한 것이니 곧 치지의 일이다"라고 하
　　　였다.[39]

위의 사서를 대비시켜서 상서를 풀이한 것이나 이이와 유희춘이 상
서해석에 대해 논전을 벌인 것은 곧 이 시대 상서에 대한 인식이 현실
에 응용하는 것에서부터 학문적인 대상으로 심화되었음을 보여주는
것이라 하겠다.

---

38) 『尙書』 卷4, 仲虺之誥, "德日新, 萬邦惟懷. 志自滿, 九族乃離, 王懋昭大德,
　　建中于民. 以義制事, 以禮制心, 垂裕後昆. 予聞曰能自得師者王, 謂人莫若己
　　者亡. 好問則裕, 自用則小."

39) 『宣祖實錄』 卷7, 宣祖 6년 10월 己未.

유희춘은 경연에서 「반경」편에 대해서 논강하는 가운데 주희의 설을 인용하여 상서에 접근하는 방법을 논하면서 주희의 설을 인용하였다. 주희는 상서에 대해 분명해서 알 수 있는 곳이 있고 난삽하여 읽기 어려운 곳이 있는데, '殷盤・周誥'와 같은 것은 난삽하여 알기 어려우니 읽어도 이득 됨이 없다고 했다. 그래서 배우는 자들은 쉬운 곳에 반복 침잠하여야 하고 그 어려운 곳에 천착하여 견강부회할 필요가 없다고 하였다. 그래서 유희춘도 경연에서는 仲虺와 伊尹・敷說 등의 말에는 십분 상세하게 음미해야 하지만 반경과 주서의 다섯 誥体의 문장은 대의만을 대략 살피고 분명하게 알 수 있는 편에 정력을 기울여야 한다고 하였다.[40]

통치제도에 대한 자료 치도에 대한 원리로서 현실에 응용하기 위하여 상서를 필요로 하던 것에서 이러한 근거가 정확한 것인지를 두고 서로 의견이 대립됨으로써 상서 자체에 대한 해석의 문제가 제기되었다. 이로써 상서에 대한 인식은 심화되고 정확한 해석을 위하여 주석서를 대조・검토하는 학문적 접근으로 발전하게 되었다. 정확한 해석의 필요성은 곧 상서를 우리말로 옮기는 언해의 문제로 관심이 전이하여 선조년간에 언해본이 간행되었다.

4) 상서해석의 정론화와 언해본의 발간

경서의 언해란 언문에 의한 해석의 의미로서 독음과 구결 번역을 총괄하여 지칭하는 것이다. 세종 때에 훈민정음이 창제됨으로써 경전에 국어로 음을 붙이고 구절마다 구결을 붙이는 것을 거쳐서 문장 전체를 국어로 번역하는 것 즉 언해가 가능해졌다. 그래서 세종년간부터 경전 언해가 착수되지만 그것이 완성되어서 간행되는 단계에 이르

---

40) 『宣祖實錄』 卷8, 宣祖 7년 2월 己酉.

는 것은 선조 광해군 연간에 이르러서야 가능해졌다. 경전의 언해가
오랜 세월을 거쳐서 가능하게 된 것은 경전에 대한 정확한 해석의 토
대 위에서만 언해가 가능하였기 때문이다. 경서의 정확한 해석의 어
려움과 학자간의 경서해석에 대한 이견을 조정하는 문제 등이 언해의
완성을 지연시키는 원인이었다. 언해의 3요소인 독음과 구결, 국문 번
역 모두가 경전문장의 해석과 연관되어 있다. 독음은 경전의 글자를
어떻게 읽을 것인가에 따라 그 문장의 의미가 다르게 된다. 상서의 경
우에도 공안국의 주석으로 해석할 때와 채침의 주석으로 읽을 때에
그 독음이 달라지는 곳이 있다. 또한 구결이란 것은 경전을 구로 나누
고 구와 구 사이에 토를 붙인 것을 말한다. 이것은 우선 구를 어떻게
나눌 것인가 하는 해석상의 문제가 있고 아울러 구와 구의 연결을 어
떻게 할 것인가 하는 문제가 있는데 이것은 곧 토를 붙이는 문제로 직
결된다. 국문 번역은 독음과 구를 나누는 것, 토를 붙이는 작업 위에
서 가능하게 된다. 독음과 구결, 국문 번역은 경전의 해석을 위해 연
결되어 있는 세 가지 요소라 할 수 있다.

고려 말과 조선 초기에 걸쳐서 도입된 주자학적 주석을 붙인 경전
에 대한 정확한 해석이 요구되었고 이를 위하여 구결을 붙이는 것은
초기부터 시작되었다. 세종실록에는 태종이 권근에게 오경에 토를 붙
이도록 명하였으며 권근은 사양하였으나 마침내 삼경에 토를 붙였다
는 기록이 보인다.[41] 이어서 세종이 변계량에게 명하여 사서에 대해
서도 구결을 붙일 것을 명하지만 변계량이 사양하여 이루어지지 못
했다.

세조대 1465년 주역에 대한 구결을 세조가 직접 담당함으로써 구결
사업이 시작되었다. 세조는 주역에 구결을 붙이면서 주희의 전보다
정자의 전을 중심으로 구결을 하겠다고 하였다.[42] 세조는 자신이 주

---

41) 『世宗實錄』 卷40, 世宗 10년 윤4월 己亥.
42) 『世祖實錄』 卷37, 世祖 11년 庚辰.

역과 소학의 구결을 담당하고 최항을 책임자로 하여 경전 구결사업을 추진하였는데 여기에 참가한 자들은 대부분 집현전 학사들이었다. 경전에 대한 충분한 연구와 해석이 확립되지 못한 가운데 실행된 세조의 경전 구결사업은 결국 세조의 구결에 대한 입장과 권근의 후학들의 구결에 대한 입장이 대립됨으로써 완성되지 못하였다. 즉 학자들 사이에 경전 해석의 이견이 조정되지 못하고 성리학적 경학에 대한 상세한 해석 위에서 구결이 이루어지지 못함으로써 완수되지 못하였다.

경전 언해에 있어서 구결과 언해로 가는 과도기적인 형태의 것으로 이황의 사서삼경석의가 있다. 이황의 석의는 경전전체에 대해서 구결과 언해를 한 것이 아니라 해석에 있어서 미묘한 차이를 보이거나 난해한 곳에 한해서 구결을 붙이거나 부분적으로 언해를 한 것이다. 경우에 따라서는 몇 가지 해석상의 차이를 열거하고 그중 가장 적합한 것을 찾아 결론을 지었다. 이황은 자신이 경전석의를 저술한 이유를 다음과 같이 밝혔다.

> 무릇 여러 경들의 석의는 속유들이 견강부회하여 뜻이 통하지 않고 해석이 불분명하여 그릇되게 후학들을 속이고 있으니 이에 여러 사람들의 설을 모아서 취사선택하여 하나로 정하였다.[43]

퇴계의 석의는 당시까지 존재하던 여러 가지 경전 해석의 설들을 모아서 하나로 정리 통일한 것이다. 이것은 학자간의 이설을 정리 조정함으로써 후일 선조대의 언해가 완성되는 밑거름이 되었다. 석의의 저술 목적이 후학들에게 정확한 경전해석을 가르치려는 것이었다는 기록에서 당시에 성리학적 주석에 의거한 경전을 가르치기 위한 정확

---

43) 李德弘, 『艮齋文集』卷6, 記善總錄, "謂諸經釋義, 出於俗儒, 穿鑿傅會, 使經義不通, 傳文不明, 承誤踵訛, 以欺後學, 於是蒐集諸人之說, 間有去取, 以一其歸."

하고 통일된 교과서적 경전해석본이 필요했던 사정을 엿볼 수 있다.

조선 초기부터 추진되어온 경전언해는 선조대에 이르러 유희춘과 이이에 의하여 완성이 된다. 선조는 1574년 유희춘에게,

> 지금 사서오경의 구결과 언석은 분분하여 정해지지 않았다. 경의 학문이 정밀하고 넓음은 세상에 드문 바이니, 사서오경의 구결과 언석을 경이 모두 상세히 정하라. 또한 국을 설치할 수도 있으며 경학을 강론할 사람을 취하는 것도 경이 택하라.[44]

고 사서오경의 언해를 명하였다. 유희춘은 경서언해를 추진하면서 柳崇祖의『상서현토』와 이황의 구결과 언해 그리고 이이의『사서언해』를 참고한다는 방침을 정하였다.[45]

경전의 언해는 1585년(선조 18)에 經書諺解校正廳을 설치하여 학자들을 동원하여『소학언해』를 시작으로 하여 사서삼경의 언해를 1588년에야 완수하였다. 사서삼경언해는 완성이 되었으나 간행이 되지 못한 채로 임진왜란 기간에 사서는 그대로 남아있었지만 서경과 주역은 멸실되어서 1610년에 교정청을 설치하고 주역과 서경을 다시 언해하여 간행하였다.

경서의 언해란 국가에서 경전에 대한 정확한 해석을 우리말로 번역한 것이라고 할 수 있다. 언해를 하기 위해서는 경전에 대한 통일된 정확한 해석이 필요하고 이것을 우리말로 번역함으로써 통일적인 경전해석을 보급하려는 것이었다. 그러나 이것은 경학의 입장에서 보면 다양한 해석의 가능성을 제약하고 경전의 발전을 억제하는 요인으로 작용할 수도 있는 것이었다. 그래서 경전의 언해에 관해서는 그 초기부터 반대하는 주장들이 있었다. 박세당이『소학언해』에 대해 비판적인 입장을 취하였고 이익도 언해의 잘못을 지적한 부분이 있다. 국가

---

44)『宣祖實錄』卷8, 宣祖 7년 10월 10일 辛亥.
45)『宣祖實錄』卷8, 宣祖 7년 10월 25일 丙寅.

에 대한 통일적 경전해석이란 곧 성리학적 경전 주석서인 대전본을 그 저본으로 한 것이었다. 상서주석에서도 비판적이었던 윤휴, 박세당, 이익의 입장에서 보면 다양한 경전 주석의 공간을 축소·제한하는 언해에 대해 비판적일 수밖에 없는 것이다. 이들의 성리학적 주석서를 넘어서는 독자적인 경전 주석은 선조대의 언해를 통한 통일적인 경전해석을 극복하려는 시도였다고 평가할 수 있다.

3. 조선 후기 상서학의 전개

조선 전기의 상서학이 채침의 『서집전』과 『서집전대전』을 충실하게 수용하여 성리학적 상서해석의 범주 안에서 정확하고 통일된 상서해석본을 낳는 것이었다면, 조선 후기의 상서학은 전기의 업적을 토대로 하여 진전되는 가운데 새로운 국면에 접어든다고 할 수 있다. 조선 후기 상서해석에 대한 입장을 몇 개의 유형으로 나누어 볼 수 있는데, 채침의 『서집전』과 『서집전대전』의 성리학적 상서해석을 어떻게 받아들이는가 하는 점이 주요한 분별의 기준이 된다. 또한 성리학적 해석의 범주를 벗어나기 위하여 어떠한 주석들을 인용하는가? 특히 한·당대의 주석을 포함하고 있는 『상서정의』의 설을 인용함으로써 상서해석의 지평을 넓히고 있는가 하는 점이 주요 구분 기준이 될 수 있다. 첫째 주자학적 상서해석을 절대 존숭하고 이에 대한 이해를 심화하는 상서주석서들이 있다. 대표적인 학자로는 韓元震, 尹鳳九, 洪奭周 등이다. 둘째 주희와 채침의 『서집전』에 대해 비판하고 여러 경전을 인용하여 독자적인 상서주석을 시도한 것이다. 이들은 특히 자구·사실·지리 고증에 치중하였으며, 고증을 위해 많은 서적들을 인용하고 『서경』 전편에 걸쳐서 주석을 붙임으로써 그 양이 상대적으로 풍부하다. 그러나 이들의 인용범주가 대전본의 범주를 벗어나지 못하고『상서정의』를 직접 인용하지 못한 점은 상서주석의 지평을 확대하는데 한계로 지적될 수 있다. 대표적인 학자는 박세당, 윤휴이며 이들의 저술로『상서사변록』,『독상서』가 있다. 셋째로는 실학자의 상서학이다.『상서정의』를 비롯한 다양한 주석서의 자료를 이용하여 주자학적 해석의 범주를 벗어나 독자적인 해석체계를 세우고자 하였다.『서경』전편에 걸친 새로운 해석과 청대의 고증학을 수용하여 상서 경문 자체에 대한 고증과 위서고증 및 금·고문에 대한 분석 등 상서에 대한 문헌비평적인 접근을 시도하였다. 대표적인 학자로는 이익, 정약용, 김정희 등이 있으며 저술로는 이익은『서경질서』, 정약용은『매씨서평』과『상서고훈』이 있으며 김정희는『상서금고문변』이 있다.

1) 성리학적 상서 주석에 대한 이해의 심화

조선 후기 상서학의 대부분이 여기에 속한다고 할 수 있다. 초기에는 주희와 채침의『서집전』의 범주 내에서 비교·검토하고 더 깊이 연구함으로써 주희의 상서주석에 대한 이해를 심화하려고 하였다. 후에는 주희, 채침의 상서주석의 범주를 넘어서 한·당대의 상서주석을 모아놓은『상서정의』를 수용하고 청대의 고증학까지 수용하여 보다 넓은 시각에서 주희의 위치를 더 정확하게 이해하려는 것이었다. 전자의 대표적인 학자는 南塘 韓元震으로 상서주석서는『朱子言論同異攷-書』가 있다. 후자의 대표적인 학자는 淵泉 洪奭周로 상서주석서는『尙書補傳』을 1824년에 완성하였다.

한원진(1682, 숙종 8~1751, 영조 27)의『주자언론동이고』는 원래 송시열이 착수했던 것을 한원진이 완성한 것인데『서경』에 관한 부분은『주자언론동이고』에서 권4에 수록된 비교적 짧은 글이다. 이글에서는 주로 주희가『대전본』,『어류』, 경전 주석에서 제기한 주석이나 학설

을 검토해서 異同이 보이는 내용을 가려내어 주희의 정설을 확인하려
는 것이다.[46] 그 내용의 반 이상이 「대우모」의 인심, 도심에 관한 것
이다. 주희의 인심 도심에 대한 설명이 서로 다른 것을 다음과 같이
찾아내서 기록해 두었다.

> 人心과 道心을 논함에 인심을 私慾으로 道心을 天理로 본 것이 처음
> 의 설이다(張敬夫에 답하는 편지에 보인다). 人心을 形氣에 속하게 하
> 고 道心을 性命에 속하게 하여 人心은 善惡을 모두 가지고 있고 道心에
> 는 善만이 있고 惡이 없는 것으로 한 것은 후설이다(中庸서문과 語類
> 中庸門에 보인다).[47]

윗글에서 보듯이 주희의 저술 내에서 서로 다르게 해석한 것을 비
교 검토한 것이다. 張敬夫에 보낸 편지에서 인심·도심에 대해서 주
장한 설과 『중용』 서문에서 인심·도심에 대한 해석이 서로 다른 것
을 찾아내어 검토함으로써 주희의 주석을 보다 정확하고 깊이 있게
이해하려는 것이 한원진의 저술 의도였다. 또 『상서』 「金縢」의 '我之
不辟'이란 구절에 대해서 채침은 '辟'을 피하다의 '避'로 해석한 데 반
해서, 공안국은 '辟'으로 해석하여 '법에 따라 다스리다'로 보았다. 여
기에 대한 주희의 설이 서로 상반된 것에 대해 채침의 설과 연관시켜
다음과 같이 정리하였다.

> 「金縢」의 '不辟之說'은 徐元聘·何叔京·董叔重에게 보낸 편지에서
> 모두 古註 孔氏의 설을 따라서 辟을 致辟(법에 따라 처리하다)의 '辟'으
> 로 해석하였다. 蔡仲默[48]에게 보낸 편지에서는 『詩傳』의 馬融과 鄭玄

---

46) 임형택, 1993, 「朱子言論同異攷－書·解題」, 韓國經學資料集成 49, 성대대
　　동문화연구원.

47) 韓元震, 『朱子言論同異攷－書』, 韓國經學資料集成 49, "論人心道心, 以人
　　心爲私欲, 道心爲天理者, 初說也. 見答張敬夫書 以人心屬之形氣, 道心屬之
　　性命, 以人心兼有善惡, 道心純善無惡者, 後說也. 見中庸序文及語類中庸門."

48) 蔡仲默은 蔡沈을 말한다. 채침은 호가 九峯이며 仲默은 그의 字이다. 채침

의 설을 따라서 '辟'을 '避'로(피하다) 해석하였다. 蔡에게 편지를 보낸
것은『서경』에 대한 주석을 서로 의탁한 후이니 진실로 만년의 일이다.
편지 中에서 또 지난번 叔重에게 보낸 편지에서 古註를 따라야 한다고
했는데 나중에 생각해 보니 그렇지 않다고 했다. 그런즉 채침에게 보낸
편지가 최후의 정론으로 의심할 것이 없다.49)

'辟'에 대한 해석에 대해 주희는 서원빙, 하숙경, 동숙중에게 보낸
편지에서는 '辟'을 공안국의 설을 따라서 '致辟之辟', 곧 '법대로 처벌
하다'라는 뜻으로 풀이하였다. 채침에게 보낸 편지에서는 벽을 '避'자
로 해석하여 '피하다'는 뜻으로 풀이하였다. 주희의 '벽'에 대한 글자
풀이가 서로 상충되는 것에 대해서 한원진은 채침에게 보낸 편지가
만년의 것이므로 이것을 최후의 정론으로 삼아야 한다고 하였다.

남당 한원진은 주희의 상서해석이 서로 다르거나 충돌되는 부분을
모아서 자신의 입장에서 합리적으로 해석함으로써 주희주를 더욱 깊
이 이해하려고 하였으며 한편 채침의『서집전』이 주희의 설을 가장
잘 받아들인 것으로 보았다. 이점은 윤휴, 박세당, 이익이 채침주의 부
족한 점에 대한 불만에서 상서주석서를 저술한 것과는 대조적이다.
한원진은 주희에 대한 이해를 심화하기 위해 다른 주석서와 비교 검
토를 하기보다는 주희의 해석 내에서 서로 다른 부분을 적시하여 합
리적으로 해석하려 하였다. 다만 주희의 명에 의하여 상서주석서를
저술한 채침의『서집전』만을 주희의 설과 함께 거론하여 주희의 상서
주석을 가장 충실하게 반영하는 것으로 평가하였다.

은 주희의 명을 받아 서경에 대한 주석서『書集傳』을 저술하였다. 주희는
사서삼경에 주석을 붙였지만 서경에 대해서는 제자 채침에 명하여 주석
을 붙이게 하였다.

49) 韓元震,『朱子言論同異攷－書』, 韓國經學資料集成 49, "金縢不辟之說, 答
徐元聘何叔京董叔重書, 皆從古註孔氏說, 以辟爲致辟之辟. 答蔡仲默書, 從
詩傳馬鄭說, 以辟爲避. 蔡書乃在書說, 相託之後, 固是晚年事. 書中又言向
答叔重書, 謂當從古註說, 後來思之, 不然云云. 則蔡書之爲最後定論, 無可
疑矣."

洪奭周(1774, 영조 50~1842, 헌종 8)의 본관은 豊山이며 호는 淵泉이다. 그는 1824년에 벼슬을 잠시 쉬는 사이에『상서보전』12권을 저술하였는데 무려 700면이 넘는 방대한 저술로서 상서 58편 전체에 대하여 주석을 하였다. 홍석주는 다산과의 교유를 통하여 다산의 상서학에도 많은 영향을 주었다. 홍석주는 그의 아우이자 정조의 사위인 洪顯周를 통해서 다산과 교유하게 되는데, 다산은 홍현주로부터 염약거의『古文尙書疏證』을 소개받고 자신이 이미 저술한『매씨서평』을 비롯하여 상서에 대한 만년의 수정작업을 하게 된다. 다산이 홍현주로부터 염약거의『고문상서소증』을 받은 것에 대해서 다음과 같이 기록해 놓았다.

> 丁亥년 겨울에(1827) 마침 해거도위가 열수가에 있는 나를 지나가다가 나에게서 尙書評을 찾았는데 감히 끝까지 감출 수가 없어서 돌아가고 난 뒤에 보내서 보여주었다.
> … 도위가 그 형 판서공의 명으로 閻氏의 소증 한 질을 보내서 보여주었다. … 그 책을 살펴보니 모두 일백 이십 팔 조목에 여덟 권이었다.[50]

1827년에 해거도위 홍현주가 한강가에 살고 있는 다산의 집을 지나가다가 다산의 저술인 상서평을 보고자 했는데 다산이 끝까지 감출 수가 없어서 돌아가고 난 뒤에 자신의 저술인『매씨서평』을 보내주었다. 이에 대해 홍현주가 자신의 형인 판서공 홍석주의 명으로 염약거의『고문상서소증』을 보내 왔는데 보니 모두 128조목에 걸쳐서 위서를 논증한 것이고 모두 8권의 분량이라는 것이다. 다산은『고문상서소증』을 읽어 보고난 충격을 다음과 같이 서술하였다.

---

50) 丁若鏞,『與猶堂全書』8, 第2集 經集 第32卷,『梅氏書評』, "丁亥冬, 適海居都尉過余于洌上, 索余尙書平, 不敢終閱, 旣歸而寄示之. … 都尉以其兄判書公命, 寄示閻氏疏證一函. … 謹閱其書, 凡一百二十八條, 共八卷."

비천한 사람이 만약 일찍 閻 宋이 지은 것을 보았다면 쓸데없는 헛수고를 이와같이 하지는 않았을 것이다. 단지 우물 안의 개구리로서 毛說에 현혹되고 梅賾에 안주하였으니 어찌 어지러이 떠들었다고 하지 않겠는가? 나도 모르게 당을 내려와 상투를 뽑고 있네. 지금 그대의 가르침을 받고 보니 나도 모르게 부끄러워 얼굴이 붉어지네.51)

일찍 염약거의 저술을 보았으면 쓸데없는 노력은 하지 않았을 것이라는 후회와 홍석주로부터 늦게 염약거의 저술을 받아보고 다산이 그 이전에 상서에 대한 주석을 한 것을 부끄럽게 여기는 내용이다. 여기서 홍석주는 그의 아우를 통하여 청대의 고증학의 성과를 미리 접하고 그 정보를 다산에게 소개할 정도로 상서에 대한 많은 자료를 접하였음을 알 수 있다.

한편 홍현주는 다산의 저술의 오류를 바로 잡아주기도 하는데 그 내용은 다음과 같다. 『매씨서평』 大序1 마지막 小註에서,

洪淵泉聲伯이 말하기를 『西京雜記』로 지금까지 전해오는 것은 吳均의 위서이며 葛洪이 지은 것이 아니다. 청나라 사람들이 편찬한 사고의 서목에서 변증한 것이 매우 분명하다.52)

라는 구절이 있는데 이것은 홍석주가 다산이 『서경잡기』를 갈홍의 저술로 오인한 것을 바로 잡아준 것이다. 이에 대해 다산은 홍석주에게 보낸 편지에서,

서경잡기는 吳均의 위작입니다. 이것은 비록 작은 일이지만 (바로잡게 되어서) 매우 다행입니다.

라는 감사의 답신을 보낸다. 위의 내용을 통해서 볼 때 홍석주의 상서학에 대한 깊이를 알 수 있으며 또한 청대 고증학의 정보를 다산보다

51) 丁若鏞, 『與猶堂全書補遺』, 『答洪聲伯籤示』.
52) 丁若鏞, 『與猶堂全書』 8, 『梅氏書平』.

먼저 수용하고 있음을 알 수 있다.

홍석주는 그의 상서주석서인 『상서보전』을 보면 청대의 고증학을 수용하고 한·당대의 주석을 집성한 『상서정의』를 인용해서 채침의 『서집전』과 비교 검토를 하였다. 홍석주의 이러한 상서학은 그 인용 자료면에서 본다면 실학자의 상서학에서 수용된 것과 별 다른 차이가 없다.

그러나 상서의 경문에 대한 구체적인 해석에 있어서는 지나칠 정도로 주희의 설에 집착하였다.[53] 주희의 저술은 우주 만물의 이치에 통달하여 그 대의가 성인의 본의에 일치한다고 극찬하였다. 홍석주는 고증학에 대해 대단히 부정적이어서 성현의 대의를 밝히는 것과는 거리가 먼 것으로 보았다. 의리지학·경제지학·문장지학 등이 송대에 거의 갖추어지자 淸儒들이 더 이상 할 것이 없어 고증지학의 세세한 부분에 관심을 가졌다고 하였다. 청대의 고증학에 기반한 상서주석을 다산보다 먼저 수용할 수 있는 위치에 있었던 홍석주가 고증학에 대해 부정적인 태도를 취하는 것은 주자학적 해석을 따르고자 하는 것 때문이었다. 홍석주의 상서학이 비록 주희의 주석을 따르는 데에서는 한원진과 같은 맥락에 있다고 하겠으나, 홍석주는 『상서정의』를 비롯한 주희 이외의 주석을 참고하여 보다 확대된 지평 위에서 주희의 상서학을 이해하려 했던 것으로 평가할 수 있다.

2) 주희와 『서집전』에 대한 비판과 고증학적 해석

대표적인 학자로는 윤휴와 박세당이 있으며 상서에 대한 주석서로는 박세당의 『상서사변록』, 윤휴의 『독상서』가 있다. 이들의 저작의

---

53) 김문식, 1988, 「尙書 연구서를 중심으로 본 丁若鏞과 洪奭周의 政治思想 비교」 『한국사론』 20.

한 특징은 분량에 있어서 앞선 주석가들에 비해 매우 풍부하다는 점
이다. 박세당은 『상서』 58편 전편에 걸쳐서 주석을 붙였으며 윤휴는
23편에 주석을 하였다. 이들의 상서주석서의 양이 많은 것은 제도나
사실에 대한 고증을 위하여 자료를 인용하거나 채침이나 주희에 대한
비판의 근거를 제시하려는 때문이었다.

이들이 경전주석을 하는 기본 시각은, 천하의 이치는 한 사람의 지
식으로 다할 수 없는 것이므로 후인들의 연구가 필요함을 다음과 같
이 말하였다.

> 성인이 육경을 내려 주어서 선유들이 그 뜻을 드러내서 펼쳤으니 아
> 마도 유감은 없을 것이나, 수천 년 뒤에 태어나서 수천 년 전의 것을
> 연구함에 어찌 뒷사람을 필요로 함이 없겠는가? 천하의 의리는 무궁한
> 것이다. 독서하는 틈틈이 얻은 것을 곧바로 기록하였다. 전인들이 밝히
> 지 못한 것에 대해서 내가 찾고 들은 것을 묶어서 바로잡는 터전으로
> 삼고자 한다.[54]

위에서 보듯이 수천 년 뒤에 태어난 자들이 수천 년 전의 성인의 경
전의 무궁한 의리를 다 해석할 수는 없다. 따라서 후인들은 전인들이
밝혀내지 못한 것을 찾아 바로잡아야 한다는 것이 경전해석의 기본
시각이다. 더 이상 새로운 것을 찾아낼 필요가 없거나 수정의 필요도
없는 절대적으로 완벽한 경전 주석이란 원래 있을 수 없다는 이들의
경전해석의 시각은 주희 주석의 절대적인 권위를 원천적으로 인정하
지 않는 것이다. 이러한 경전 주석의 기본시각이 곧 주희의 경전 주석
방식이라고 이들은 주장한다. 주희의 경전 주석 방식에 따라 주희의
경전 주석도 얼마든지 수정되고 새로운 해석이 보태어질 수 있다고
생각하였으며 이것이 윤휴나 박세당이 경전에 독자적인 주석을 붙이

---

54) 尹鑴, 『白湖全書』 下 卷41, 『讀尙書』 序(尹鑴의 『白湖全書(全3卷)』는 경북
    대학교출판부 영인본(1974)을 저본으로 삼았다).

는 근거였다.

주희에 대해서는 부분적으로 수용하기도 하고 비판하는 입장을 취하기도 한다. 박세당은 주희의 『상서』 「태갑」편의 '氣質之性'을 논한 것에 대하여 "천착함이 심하여 후인들을 그르치게 하였다"[55]고까지 하여 강하게 비판하였다.

이들은 채침의 『서집전』에 대해서는 매우 비판적이었다. 채침의 『서집전』이 구체적인 해석에서 오류를 범한 것은 말할 것도 없으며, 채침은 주희의 교시를 받아서 『서집전』을 저술하였음에도 채씨의 전을 보면 스승의 설을 근본하여 미루어서 분명하게 밝힌 것이 없다고 하여[56] 주희의 설조차도 충실하게 수용하지 못한 점을 비판한다. 박세당은 채침에 대하여,

> 채씨는 사설에 대해서 평소에 연구하지 않은 것은 아니나 자신의 설을 세우기 위하여 스승의 설을 말하는 것을 피하였다.[57]

라고까지 혹평을 하였다. 이러한 채침의 『서집전』에 대한 불만족이 윤휴나 박세당이 상서주석서를 저술하게 된 동기였다고 보여진다.

주희의 설과 채침의 『서집전』에 대해 비판하고 그 대안으로 윤휴와 박세당이 택한 것은 『서집전대전』본의 細注였다. 채침의 전과 대전본의 세주를 비교하여 대전본의 주석을 채택하거나, 채침의 주석은 거론조차 하지 않고 대전본의 세주를 주된 주석으로 채택하기도 하였다. 이것은 대전본체제에서 채침의 주를 가장 우선시하고 세주를 보조적 위치에 놓은 것에 비해 박세당과 윤휴는 채침의 주석과 세주를 동등한 위치에 두고 자신들의 판단에 따라서 취사선택하였다. 『서집

---

55) 『西溪全書』 下, 『尙書思辨錄』, 泰誓, 195쪽(朴世堂의 『西溪全書(全2冊)』는 太學社 영인본(1979)을 저본으로 삼았다).
56) 『白湖全書』 下 卷41, 『讀尙書』, 洪範經典通義.
57) 『西溪全書』 下, 『尙書思辨錄』, 伊訓, 174쪽.

전대전』본에서 채침주를 우선시한 권위를 인정하지 않고 세주와 똑같이 취사선택의 대상으로 상대화시킨 것이다.[58] 윤휴가 金履祥의 설을 인용하고, 박세당의 제자들이 박세당의 주회에 대한 입장은 김이상이 경전에 대해 주자와 달리 해석한 정도일 뿐이라고 변호하였다. 이것을 보면 이들의 주회와 채침에 대한 비판은 김이상으로부터 많은 영향을 받았으며, 자신들의 경전 주석이 주회와 다른 점은 김이상 정도였다고 여긴 것이다. 박세당과 윤휴의 상서학이 채침과 주회에 대해 비판적이었으며 자신들의 판단에 따라 독자적인 주석을 하려했으나, 한·당대의 주석서인 『상서정의』에 대하여 적극적으로 언급하지 못하고 단지 성리학적 상서해석서인 『서집전대전』본의 범주를 넘지 못한 것은 이들의 한계로 지적될 수 있다. 한·당대의 주석서를 아우른 당대의 『상서정의』를 적극적으로 수용함으로써 상서해석의 지평을 확대시킨 것은 실학자의 상서학에 가서야 가능하게 되었다.

3) 실학자의 상서학

대표적인 학자는 성호 이익, 다산 정약용, 추사 김정희 등으로 그들의 상서주석서는 이익의 『서경질서』, 정약용의 『매씨서평』, 『상서고훈』, 김정희의 『상서금고문변』이 있다.

이익은 『서경질서』에서 『상서』 58편 중 「주관」을 제외한 전편에 대해 주석을 하였으며 「독서전」이란 별도의 저술에서 서경에 대한 문헌 고증을 비롯하여 제도·사실·천문 등에 관해 고증하였다. 성호는 경전 해석에서 선유들이 의미가 통하게 주석을 붙였다 해도 단번에 전

---

58) 김흥규는 주자와 채침의 주석을 절대시하는 상서해석의 입장과 대비 시켜 박세당과 윤휴의 경전해석 시각을 반 권위적 재해석이라 하였다(김흥규, 1982, 「反權威的 詩經論의 展開」『朝鮮後期 詩經論과 詩意識』).

체의 의미를 다 꿰뚫을 수 없기 때문에 의문이 없을 수 없다고 하였
다.[59] 성호도 자신의 의문에 대한 의견을 적어서 후대의 훌륭한 스승
을 기다린다는 것이 그의 경전 주석의 출발점이었다. 성호의 이러한
의경정신은 곧 주희의 방식임을 다음과 같이 말하였다.

> 문하의 제자가 생각나는 대로 의견을 개진한 것을 조금이라도 뛰어
> 난 것이 있으면 모두 채택하고 버리지 않았다. 이런 것으로 보아 주자
> 의 마음이 천지처럼 광대하며 시대를 초월한 공정성을 가져서 털끝만
> 큼도 얽매임이 없이 옳은 것만을 추구한 것이다. 그러므로 주석을 취사
> 선택하던 당시 주자의 마음가짐과 분위기를 느낄 수 있다. 즉 아무리
> 부족한 사람의 견해일지라도 반드시 주의 깊게 들어서 올바른 해석이
> 있기를 기대하였으니, 잘못된 곳이 있으면 이를 저지하였다. 그리하여
> 모든 장점을 모아가지고 올바른 것을 파악하였으니 이것이 곧 주자요
> 『논어집주』다.
> 그 문하의 제자들도 모든 것을 받아들이는 태도를 기뻐하여 숨김없
> 이 의문점을 질문하였고 식견이 부족하다하여 스스로 그만두지 않았
> 다. 이는 저 위대한 학자로서의 교육방법이 그렇게 하였던 것이다.[60]

주희 시대에도 제자들의 의견을 열린 마음으로 수용하였음을 강조
함으로써 주희의 설을 묵수하는 것이 주희의 학문 방법이 아니라는
것을 밝히고자 하였다. 그래서 그는 주희의 경전주석을 묵수하자는
자에 대해 '그 책은 존중하지만 그 정신은 잃었고 그 글은 읽으면서도
그 뜻은 등지고 있다'[61]고 비판하였다. 그는 옛 주석만을 그대로 지키
는 것이 마음으로 체득하는 것이 아니며 새로운 길을 찾아가듯이 독
자적인 경전해석의 태도를 강조하였다.

모든 의견을 청취하고 여러 장점을 모아 옳은 것을 찾으려했던 주

59) 李瀷, 『星湖全書』 4, 『論語疾書』, 論語疾書序, 433쪽(『星湖全書』(全7册)는
　　驪江出版社 영인본을 저본으로 하였다).
60) 『星湖全書』 4, 『論語疾書』, 論語疾書序, 433쪽.
61) 『星湖全書』 4, 『論語疾書』, 論語疾書序, 433쪽.

희의 경전 주석 방법에 따라 주희 역시도 모든 설의 하나로서 취사선
택의 대상이 되었으며 채침의『서집전』에 대해서는 매우 비판적이었
다. 성호가 독자적인 주석을 내기 위해서는 모든 설을 참고하여 자신
의 판단에 따라 옳은 것을 취하는 것이었다. 이런 경전 주석의 시각에
서 성호는 서경의 주석에서 남송대의 주희와 채침의 성리학적 상서주
석의 범주를 벗어나서 한·당대의 주석서인『상서정의』를 적극적으
로 수용하였다. 이익이 상서주석에서『상서정의』를 적극적으로 수용
한 것은 조선시대 상서학에서 최초의 일로서 상서학상의 중요한 의미
를 가진다.『상서정의』를 수용함으로써 주희나 채침의 상서학의 범주
를 넘어서 그 지평을 확대시키고 자신의 독자적인 상서주석을 성립시
키는 토대가 되었다고 평가할 수 있다. 이전 시대의 윤휴나 박세당이
주희나 채침에 비판적이었지만『서집전대전』을 넘어서 한·당대의
주석에까지 이르지는 못했던 한계가 성호에 의해서 극복되었다고 할
수 있다. 성호의 독자적인 상서해석에는『상서정의』의 수용만이 아니
라 사서오경을 비롯하여『사기』,『죽서기년』,『국어』,『장자』,『초사』
등 방대한 참고자료를 통한 철저한 고증 위에서 가능하였다.[62]

　이익의 상서학의 또 하나의 특징은 상서 경전 자체에 대한 문헌 고
증적 접근이라 할 수 있다. 성호 이전의 상서주석서들이 경전 문장의
내용을 해석하는데 모든 중점을 두었는데, 성호는 상서 출현과 전래
에 대한 문제, 상서 문자의 오류 등에 관하여 고증함으로써 상서 자체
를 문헌고증적인 측면에서 연구 검토하였다. 성호는『한서』「예문지」
와『사기』를 인용하여 한대의『금문상서』와『고문상서』가 출현한 것
에 대해 독자적인 고증을 시도하였다. 상서 자체에 대한 문헌고증적
인 접근은 다산에 이르러서 집대성된다. 그는『매씨서평』에서 금고문

---

62) 성호의『書經疾書』에서 인용된 참고자료는 윤휴나 박세당과는 비교될 수
　　없을 정도로 방대하다. 그의 부친이 중국으로부터 많은 서적을 수입한 것
　　이 성호 경학의 바탕이 되었음은 이미 여러 글에서 논증한바 있다.

의 위서논쟁에 대한 검토를 집중적으로 진행하였다. 금고문 및 위서 문제에 대한 논의 등 상서 자체에 대한 문헌고증적인 접근은 실학적 상서학의 특징이라 할 수 있으며 이것은 상서의 경문에 대한 것에만 주석하는 데에서 상서라는 경서 자체에 대한 문헌비평적인 연구로 상 서학의 지평이 확대된 것이라 평가할 수 있다. 다산에게서 활발하게 논의되고 그 후의 학자들에게서도 논의의 중심이 되는 僞書에 대한 문제는 성호에게서는 아직 논의되지 않고 있다.

『서경질서』는 경문의 오류를 바로 잡고 구절을 새롭게 구성함으로 써 독자적인 해석을 시도하였고 西涯 柳成龍의 설을 인용하였으며 언 해의 문제점도 거론하였는데,63) 이는 중국의 주석서만이 아니라 조선 의 주석서도 참고한 것으로 또한 독자적인 해석을 위한 시도였다고 하겠다.

다산의 상서에 대한 저작은 유배 시기의 저작과 만년에 유배에서 돌아와 기존의 저술을 수정한 것으로 나누어진다. 내용적으로는 상서 의 금고문 위서 논쟁을 주로 다룬 저작과 상서 내용에 대해 주석한 저 술로 나눌 수 있다. 다산은 유배시기인 1810년에서 1811년에 걸쳐서 상서에 관하여 연구한 것을 『매씨서평』(1810 봄), 『尙書古訓蒐略』(1810 가을), 『尙書知遠錄』(1811 봄)으로 저술하였다. 만년에 유배지에서 돌 아와서 상서에 대한 저술들을 수정하는데 이것은 홍석주, 홍현주, 신 작 등과 교유하면서 얻게 된 지식을 통하여 이루어졌다. 그는 홍석주 로부터 염약거의 『고문상서소증』을 얻어서 보고, 내가 일찍 이 책을 보았더라면 쓸데없는 노력을 하지 않았을 것이라고 하였다. 그리고 지금까지 저술한 상서에 관한 저술을 없애버리고 싶다고 할 정도로 충격을 받고 유배시절의 상서 저술을 수정하기 시작하였다. 1810년에 저술한 『매씨서평』을 염약거의 저술을 보고 다시 수정하고 『상서고훈 수략』과 『상서지원록』을 합하여 『상서고훈』으로 수정하였다. 현재 여

---

63) 『星湖全書』 3, 『書經疾書』, 大誥, 250~254쪽.

유당전서에 수록된 다산의 상서에 대한 저술은 『매씨서평』과 『상서고훈』의 두 책이 있다. 다산의 상서 관련 저작을 연대순으로 정리하면 다음과 같다.[64]

1810년	매씨서평
1810년 가을	상서고훈수략
1811년 봄	상서지원록
1834년 봄	상서고훈(상서고훈수략과 상서지원록 합본)
1834년 가을	매씨서평(수정본)

『매씨서평』은 東晉 때에 매색이 바친 『고문상서공전』이 위서임을 고증한 것이다. 내용은 먼저 『고문상서공전』에 대한 관심이 정조의 下問에서 비롯되었음을 밝히고, 복생이 전한 『금문상서』, 공안국이 바친 『고문상서』, 두림의 『고문상서』, 매색이 바친 『고문상서공전』에 대한 것으로 구성되어 있다. 염약거가 고문상서가 위서임을 논증한 것을 모기령이 『고문상서원사』에서 조목조목 반박하였는데 정약용은 모기령의 설이 오류임을 지적하였다. 이어서 정조가 희정당에서 상서에 대해 하문한 것에 대해 다산 자신의 답변을 기록하였다. 『매씨서평』은 성리학적 이론체계를 이해하고 실천하려던 학풍을 벗어나 청조의 고증학을 수용하여 자신의 독자적인 상서학을 수립한 실사구시 정신의 이정표였다.[65]

『상서지원록』은 매색과 채침의 설명들을 한대의 주석들과 비교하여 28편 각 편을 다산의 입장에서 분석하고 정리한 것이며, 복생의 금문상서 28편에 대하여 공영달의 『상서정의』를 비롯한 당시의 제가의 주석들에 인용된 한대의 주석가들의 설을 모아 이들을 토대로 재해석

---

64) 조성을, 1987, 「정약용의 尙書연구 문헌의 검토」 『동방학지』.

65) 李俸珪, 1993, 「梅氏尙書評」 解題, 韓國經學資料集成 64, 대동문화연구원.

한 것이 『상서고훈수략』이다.

『상서금고문변』은 추사 김정희의 상서에 관한 저작이다. 제목에서 보는 바와 같이 상서의 금문과 고문의 분별에 관한 내용으로 상·하편으로 나누어져 있다. 상편에서는 한대에 금문 고문이 출현한 역사적인 과정에 따라 상서를 금문 고문 매색의 위고문본으로 나누었다.

> 금문상서는 복생본으로 「堯典」, 「皐陶謨」, 「禹貢」, 「湯誓」(중략), 「泰誓」까지 28편인데 今文字로 썼기 때문에 『今文尙書』라 한다. 『古文尙書』는 孔壁本인데 28편은 『今文尙書』와 같고 「盤庚」을 나누어 3편으로 하고 「顧命」, 「康王之誥」를 2편으로 나누어 31편이 되었다. 古文字로 썼기 때문에 『古文尙書』라 하였다. 逸書 16편이 있는데 「舜典」, 「汨作」, 「九貢」(중략), 「藜斁」, 「冏命」은 師說이 없어서 주석한 것이 전해지지 못하였다. 매색의 위고문은 지금 통행본으로 古文도 아니고 今文도 아니다.[66]

위에서 보듯이 김정희는 상서를 『금문상서』, 『고문상서』, 매색의 『위고문상서』로 나누어 정리를 하고 이어서 중국의 상서학사를 한대에서부터 청대까지 간략하게 서술하였다. 한대의 금고문 경학가를 다음과 같이 분류하였다.

> 금문경학가 : 伏生 歐陽氏 大小夏候氏 司馬遷 董仲舒 劉向 揚雄 班固 蔡邕 趙岐 何休 王充 劉珍 李尋 梁統 楊賜 王褒 王舜
> 고문경학가 : 孔安國 劉歆 杜林 衛宏 賈逵 徐巡 馬融 鄭玄 許愼 應劭 衛昭 王粲 虞翩

공영달의 『상서정의』에 대해서는,

> 南北朝 사람들은 남·북학으로 나누어 서로 원수처럼 적대시하였는데 남학은 위고문을 주로 하였다. 당태종 역시 남학을 위주로 하여 공

---

66) 金正喜, 『阮堂集』 第1卷, 「尙書今古文辨」.

영달에게 명하여『五經正義』를 편찬하게 하였는데 매색의 본을 학관에 세웠다.[67]

고 하여 매색본이『상서정의』를 편찬할 때에 저본이 되게 된 역사적인 배경을 서술하였다. 채침전에서 매색본이 위서로서 의심되어 오다가 청대에 이르러 위서로 확증되었음을 논증하였다. 하편에서는 금문과 고문에 대하여 김정희의 독자적인 분류를 시도하였다.

추사 김정희의 상서학은 상서 경문의 주석에 대해서는 일체 언급이 없고 금문·고문의 출현과정에서부터 한대에서부터 시작된 상서주석에 대한 흐름을 개관한 것이었다.

성호 이익이 한·당대의 상서주석을 총집한『상서정의』를 적극적으로 수용함으로써 주희와 채침의 성리학적 상서주석의 범주를 넘어서 상서해석의 지평을 확대하였다. 한편 지금까지 상서경문의 주해에만 집중되어 오던 주석의 경향을 상서 자체에 대한 문헌고증적인 접근에 대해 초보적인 시도를 했던 것으로 평가할 수 있다. 그러나 아직 청대의 상서학이 수용되지 않아서 금·고문 논쟁, 위서에 대한 문제 등 상서의 본격적인 문헌고증적 검토는 이루어지지 못하였다. 다산 정약용은 청의 모기령과 염약거의 학설을 비판·수용하여『매씨서평』을 통하여 상서의 금·고문 논쟁 및 위서 문제에 대하여 문헌고증에 심도 있는 고찰을 하였다. 또 한대의 주석과 매색 채침의 주석을 비교 검토하고『상서정의』를 적극 수용하여 한대 이래 제가의 설을 종합하여 상서를 재해석하려고 하였다. 추사 김정희는 상서 경문의 장구에 대한 주석은 제외하고 금문·고문에 대한 고증을 시도하였다. 그는 한대의 금문·고문의 출현과정을 검토하고 한대의 금·고문 경학가에서부터 시작하여 청대의 상서주석에 이르기까지 상서학사를 서술하였다.

---

67) 金正喜,『阮堂集』第1卷,「尙書今古文辨」.

실학자의 상서학의 특징은, 상서라는 경서 자체에 대한 문헌고증적인 검토를 하였으며 한대에서부터 청대에 이르기까지 모든 주석가들의 주석을 제한 없이 수용·비교·검토함으로써 어느 한 주석서에 얽매이지 않고 독자적인 상서해석을 수립함으로써 상서해석의 지평을 확대하였다는 점이다.

4) 정조의 상서학

정조의 경학은 기본적으로 주희의 학문적 권능과 정통성을 강조하는 것이었지만 경사강의에서는 정조 이외에는 누구도 감히 제기하기 어려웠던 주희의 경전 주석에 대해 비판적 의문을 제기하였다. 그 결과 정조의 질문을 받은 초계문신들은 외부의 제약 없이 주희의 주석에 문제를 제기할 수 있게 되었다. 이는 곧 경전 해석에서 주희의 설에 대해 비판과 이의를 제기할 수 있는 공인된 공간이 마련된 셈이었다.[68]

비록 주희의 주석에 대해 의문점을 제약 없이 제기할 수 있게 되었다고 하더라도 주희의 주석을 비판 배격하려는 것은 아니었다. 주희에 대해서,

> 배우는 자가 바름을 얻고자 할진대 반드시 주자를 준거로 삼아야한다. 성학을 밝힘에 주자를 존신함보다 앞선 것은 없다.[69]

라고 한 것에서 보듯이 정조의 경학은 주희의 주석을 가장 존신하는 것이었고 이에 대해서 다양한 의문을 제기하는 것은 주희의 학문을

---

68) 김흥규, 1982, 「反權威的 詩經論의 展開」『朝鮮後期 詩經論과 詩意識』.

69) 正祖,『弘齋全書』5,「日得錄 文學」, "學者欲得正, 必以朱子爲準的. 明正學, 莫先於尊朱子."

보다 심도 있게 이해하려는 과정이었다. 이전까지 주희의 주석에만 매달림으로써 결과적으로 주희란 숲 전체를 바라보지 못한 결과를 가져온데 대한 반성이었다. 경학은 大全本을 위주로 한, 좁은 안목을 버리고 경학사의 근원적인 흐름과 풍부한 후대의 업적을 두루 살피어 주희를 보다 깊이 정확하게 인식해야 할 필요성이 제기된 것이다. 주자학적 사상통제의 압력 강화는 경학의 침체를 가져왔고 이와 같은 사상적 경색은 노론 위주의 압도된 정치상황을 초래하였는데 정조의 개방적인 경학토론은 이런 정치 상황을 타파하려는 의도가 저변에 있다고 할 것이다.[70]

정조의 상서학은 그의 문집인 『弘齋全書』 내의 『經史講義』에 실려 있다. 정조와 초계문신들이 경전에 대해 문답한 것을 기록한 것인데 경사강의 중 상서에 대한 것은 세 차례에 걸쳐서 기록되어 있다. 정조의 상서강의는 상서 58편이 가지고 있는 금·고문 논쟁, 주희와 채침을 중심으로 한 경전 해석의 차이, 경전 원문에 나타난 군주의 역할 등 경학과 경세학에 관한 것들이다.[71]

이상 조선 후기 상서학의 흐름을 대체적으로 살펴보았다. 상서학 역시 경학 일반의 흐름과 마찬가지로 양란 17~18세기에 걸쳐서 정론화된 주희의 주석에 대한 것을 절대적으로 신봉하고 강화하는 흐름과, 주희의 설을 비판 수용하고 독자적인 해석체계를 모색하는 흐름으로 두가지 경향이 나타났다. 이러한 두가지 흐름은 18세기 중후반으로 이어졌다. 정론화된 주희의 설을 신봉하는 경향은 보다 더 많은 주석서를 기반으로 하여 열린 공간에서 주희의 경학사적 의미를 파악하고자 하는 경향으로 발전하였다. 주희의 설을 비판 수용한 흐름은 실학자의 상서학으로 이어져 보다 많은 주석의 지평위에서 상서를 독

---

70) 김홍규, 1982, 「反權威的 詩經論의 展開」 『朝鮮後期 詩經論과 詩意識』, 119쪽.
71) 김문식, 1993, 「經史講義·解題」, 韓國經學資料集成 60, 대동문화연구원.

자적으로 해석하려는 노력으로 나타났다. 본 논문에서는 주희의 설을 비판 수용한 윤휴, 박세당과 실학자의 단계로 넘어가는 과도기적인 단계에 있는 이익의 상서해석에 대해 살펴보고자 한다.

제3장

윤휴의 주자적 방법론 수용과
고증학적 해석

1. 경전해석의 기본 시각

윤휴의 경전 해석에 대한 시각은 그의 저술 곳곳에서 산견된다. 그는 經의 뜻은 무궁한 것이라서 비록 선인들이 상세하게 밝혀 놓았다고 하더라도 후인들이 연구를 통하여 밝혀내야 할 필요가 있음을 다음과 같이 역설하였다.

> 성인이 육경을 내려주어서 선유들이 그 뜻을 드러내서 펼쳤으니 아마도 유감은 없을 것이다. 그러나 수천 년 뒤에 태어나서 수천 년 전의 것을 연구함에 어찌 뒷사람을 필요로 함이 없겠는가. 천하의 의리는 무궁한 것이다. 독서하는 틈틈이 얻은 것을 곧바로 기록하였다. 전인들이 밝히지 못한 것에 대해서 내가 찾아내고 들은 것을 묶어서 바로잡는 터전으로 삼고자 한다.[1]

　　理와 義는 人心之所同然에서 나온 것이니 천하의 이치는 한 사람의
지식으로 다할 수 있는 것이 아니다.[2]

　경전 해석에서 앞사람들이 밝힌 것이 비록 모두 옳다고 하더라도
천하의 의리는 무궁하여 한 사람의 지식으로 다할 수 있는 것이 아니
기 때문에 후인들의 연구에 의하여 다시 밝혀져야 함이 불가피하다고
하였다. 이런 시각에서 독서하는 사이사이에 전인들이 밝히지 못한
것들을 기록한 것이 『독서기』이다.

　앞사람들이 밝혀내지 못한 것을 考究하는 것만이 아니라 앞사람들
이 잘못 해석한 부분에 대해서도 비판을 가하고 새롭게 해석했으며,
여러 사람들의 해석을 비판적 입장에서 취사선택하는 방법을 취하였
다. 그는 『서집전』의 주석이 불분명하다는 사실을 밝히고 이 때문에
『독상서』를 저술하였음을 다음과 같이 서술하였다.

　　晦翁 朱夫子가 大中의 뜻을 분변하여 천년동안 답습된 잘못된 견해
　를 깨뜨리고 篤恭의 說을 밝힘으로써 성인의 精微한 본의를 제시하였
　다. 그런 후에 「洪範」을 읽을 수 있게 되었다. 그러나 애석하게도 그 은
　미한 말이 간간이 남아 있어 자세하게 들을 수 없는 것이 있는데 지금
　蔡氏의 傳을 보면 스승의 설에 근본하여 미루어 분명하게 밝혀내지 못
　한 것이 있다. 이것이 내가 반복하여 읽음에 유감이 없을 수 없어 끝내
　말하기를 그만둘 수 없는 까닭이다.[3]

　洪範의 皇極을 『상서정의』에서는 皇을 大로, 極을 中으로 해석하였
다.[4] 이에 대해 주희는,

---

1) 『白湖全書』 下 卷41, 「讀尙書」, 1641쪽, “聖人垂六經, 先儒發其義而暢之,
　殆亦無遺憾矣. 然生於數千載之後, 而講討於數千載之上, 又烏能無待於後之
　人者. 蓋天下義理無窮也. 讀書之暇, 隨得隨筆. 因前人未發, 綴我搜聞, 用作
　就正之地云爾.”
2) 『白湖全書』 中 卷24, 「讀書記序」, 998쪽.
3) 『白湖全書』 下 卷41, 「讀尙書」, 洪範經典通義, 1678~1679쪽.

洛書의 아홉 개 숫자에서 五가 가운데에 있고 洪範 九疇에서 皇極이
五에 있다. 그래서 孔氏傳에서 皇極을 大中으로 해석한 뒤로부터 諸儒
들이 모두 그 설을 祖宗으로 삼았다. 내가 經의 文義와 語脈으로 고찰
해보고 그렇지 않은 것을 알게 되었다. 皇은 君을 가리키는 것이고 極
은 지극하다는 뜻으로 표준을 일컫는 것이다. 물건의 가운데에 있어 사
방에서 바라보고 바른 것을 취한다는 것이다. 그래서 極을 중앙에 있는
표준이라고 풀이한다면 괜찮지만, 極을 곧바로 中으로 해석하는 것은
옳지 않다.5)

라고 하였다. 한대 이래로 大中으로 해석되어온 皇極의 뜻을 주희가
군주로서 만백성의 표준이란 뜻으로 해석함으로써 수천 년간 답습된
오류를 깨뜨렸다는 것이 윤휴의 평가이다. 주희는 지금사람들이 황극
을 대중으로 풀이하는데 그렇게 풀이하면 홍범의 '皇建其惟極'이나
'時人斯惟皇之極'의 경문이 해석이 되지 않는다고6) 하여 대중으로 해
석하는 설을 반박하였다. 황극을 군주로서 백성에 대한 표준으로 해
석함으로써 이것은 군주가 표준이 되기 위해 자신을 수양하는 五事의
문제와 연결이 될 수 있게 되었다. 군주가 자신을 수양하는 다섯 가지
조목인 五事는 貌(몸가짐), 言(말하기), 視(보기), 聽(듣기), 思(생각)인데,
몸가짐에 있어 이상적인 덕목은 恭이다. 군주가 몸가짐을 공경스럽게
하면 밖으로 위엄이 나타나고 백성들이 이것을 본받음으로써 천하가
다스려지게 된다는 것이다. 황극을 군주의 표준으로 해석함으로써 홍
범의 九疇가 모두 통일적인 관계를 가지게 되었음을 윤휴가 篤恭의
설을 예로 들어 보인 것이다.

앞사람들이 잘못한 해석을 주희가 바로잡음으로써 『서경』를 올바

---

4) 『尙書正義』卷12, 洪範.

5) 『書集傳大全』卷6, 洪範, "洛書九數而五居中, 洪範九疇而皇極居五. 故自孔
氏傳, 訓皇極爲大中, 而諸儒皆祖其說. 余獨以經之文義語脈求之, 而有以知
其不然也. 蓋皇者君之稱也, 極者至極之義, 票准之名. 當在物之中央, 而四外
望之, 以取正焉者也. 故以極爲在中之準的則可, 而便訓極爲中則不可."

6) 『書集傳大全』卷6, 洪範.

르게 읽을 수 있게 되었지만 일부분에 있어서 해설이 미진한 것이 있다. 뿐만 아니라 주희의 명에 의하여 저술된 채침의 전을 보면 스승의 설조차도 반영하지 못하고 분명하게 밝히지 못한 것이 있다. 이것이 윤휴가 바로잡아 밝히지 않을 수 없는 것이라고『독상서』저술의 필요성을 말하였다.

윤휴는『독상서』에서 주희에 대해서도 비판적일 때도 있지만 이 문장에서 보듯이 서경해석에 있어서 천 년간 답습된 오류를 바로잡은 주희의 업적에 대하여 높이 평가하고 있다. 그러나 당시 조선시대의 주요한 서경 주석본인 채침의『서집전』에 대해서는 과감하게 비판하는 태도를 보였다. 이에 대해서는 절을 달리하여 논하고자 한다.

요컨대 경전해석에 있어서는 선인들이 밝혀내지 못한 부분을 밝혀 보충하는 점도 있지만 선인들의 해석을 비판하고 자신의 별도의 해석을 시도하고자 한 것이 윤휴의 경전을 해석하는 기본적인 시각이었다.

위 인용문에서 주목할 부분은 첫 문장의 "주희가 大中의 뜻을 분변하여 천 년간 답습된 잘못된 견해를 깨뜨렸다"는 점이다. 경전에 대한 선현의 해석은 깨뜨려질 수 있으며 그럼으로써 오히려 올바른 해석에 이를 수 있고, 이러한 경우의 대표적인 사례가 곧 주희라는 의미이다. 선현의 오류를 바로잡고 올바른 해석에 이르는 주희의 주석 방법에 대하여 다음과 같이 서술하였다.

회옹이 여러 경서들을 주석함에 이미 여러 설들을 모으고 절충해서 그 설을 이루었다. 그러나 오히려 매양 문인들과 더불어 강습하고 몸소 체험하여 혹시라도 설에 꿰뚫어 보지 못하였거나 다다르지 못하였거나 얻지 못한 곳이 있으면 또한 반드시 그것을 토론하고 更定하여서 고치기를 주저하지 않아 임종에 이르기까지 그치지 않았다. 항상 말씀하시길 朋友들의 辨質함으로 인해 비로소 나의 앞 설이 틀림이 있음을 알았다고 하셨다. 이와 같이 한 것이 하나 둘이 아니니 그 선을 취하고 옳은 것을 구하여 고치기를 꺼리지 않음이 또한 이와 같았다. 이것이 또한 내가 본받아서 힘쓰려고 생각하는 것이다.[7]

주희의 경전해석은 기존의 제설들을 모으고 자신의 입장에서 절충한 것이며 붕우들과 토론을 통하여 오류를 수정하고 새로운 설을 세우기를 죽음에 이르기까지 끊이지 않았다는 것이다. 선인들의 설을 묵수하는 것이 아니라 비판적 입장에서 올바른 것을 선택하고 고쳐가는 주희의 경전해석 방법이 곧 윤휴가 본받아서 힘쓰고자 생각하는 것이라 하였다. 윤휴는 『독서기』를 저술함에 선인의 설 또는 주희의 해석을 수정하고 새롭게 해석하려는 자신의 경전해석 방식이 곧 주희를 본받은 것이라고 하였다.[8]

이렇게 볼 때 경전해석의 기본적 시각에 따라 주희의 설을 비판하고 고쳐서 새롭게 해석한 윤휴의 입장은 곧 주희의 입장과 같은 것이지만, 주희의 설을 묵수하는 것은 주희의 설을 따르는 것이기는 하나 주희의 경전해석의 기본적인 자세와는 배치된다는 것이다.

주희의 경전해석 방법을 따르게 되면 자연히 주희의 주석을 묵수할 수 없게 될 뿐 아니라 당연히 주희의 해석만을 따르지는 말아야한다는

---

7) 『白湖全書』下, 卷36, 『讀書記』中庸序, 1447쪽.
8) 주희에 대한 비판적 수용의 입장은 조선 전기에도 있었다. 崔錫起는 李彦迪・盧守愼・趙綱 등이 경전해석에서 이러한 태도를 지녔음을 논증하고 이를 繼承發展的 觀點이라 하였다. "회재(李彦迪)는 천하의 이치는 무궁하기 때문에 성인일지라도 다 밝히지 못하는 것이 있으므로 후학은 前人이 未發한 것을 밝혀야 한다는 관점이고, 소재(盧守愼)나 용주(趙綱)는 경전연구는 한 사람이 다 할 수 있는 것이 아니므로 異說을 펴더라도 도에 해롭지 않으면 괜찮다는 사고이다. 곧 도를 밝히는 것, 진리를 밝혀 문명을 더 발전시켜나가는 것에 학문의 목표를 두고 있다. 그리고 그것은 어떤 절대적인 한사람에 의해 완성되는 것이 아니라 후학이 계승 발전시켜 나가야 한다는 점을 분명히 인식하고 있었다(崔錫起, 1998, 「白湖 尹鑴의 經學觀」『南冥學研究』8집)."

이야기가 된다. 그래서 윤휴는 경연에서 왕에게 다음과 같이 주장했다.

> 畫講에 납시니 윤휴가 또한 입시하였다. 윤휴가 "논어주는 반드시 읽어야 되는 것은 아닙니다" 하였다. 金錫冑가 "논어주는 버릴 수 없는 것입니다"고 하자 윤휴는 "과거 보는 유생들의 공부와는 다르니 반드시 볼 필요는 없습니다"라고 하였다. 檢討官 李夏眞이 "윤휴의 말이 매우 옳습니다"라고 하였다.[9]

모범 답안을 내야하는 과거 보는 유생과는 달리 경연에서 경문의 본의를 토론하는 학문의 터전에서는 반드시 주희의 설만을 따를 필요는 없으며 경우에 따라서는 주희의 주석도 버릴 수 있다는 것이 윤휴의 주장이다. 주희의 경전해석 방법은 많은 주를 모으고 절충해서 자신의 설을 이루는 것이라 하였다. 이런 점에서 보면『논어』경문의 본지를 가장 잘 드러내기 위해서는 주희의 설만을 반드시 읽어야 한다는 주장은 마땅히 배격되어야 한다. 주희주를 반드시 읽을 필요가 없다는 윤휴의 주장은 이러한 입장에서 나온 것이다. 이에 대해 김만중은 다음과 같이 비판하였다.

> 大文은 성인의 글이고 註釋은 현인의 글입니다. 비록 잘못된 부분이 있는 것 같더라도 주자는 후세 사람들이 존숭하는 바인데 尹某가 上에게 읽지 말라고 권하는 것은 대단히 괴이한 것입니다.[10]

윤휴의 이러한 태도를 반주자적인 성격으로 몰아붙이는 것은, 윤휴의 입장에서 보면 그들이 오히려 주희의 경전 해석의 기본 시각을 따르지 않는 것이었다. 이러한 윤휴의 경전 해석의 기본 시각은 당시 주희의 설만을 절대시하던 풍조에서 보면 당연히 배척될 수밖에 없는 것이다.[11]

---

9)『肅宗實錄』卷4, 肅宗 元年 閏五月 癸丑.
10)『白湖全書』, 附錄5, 年譜.

2. 『독상서』의 체제

윤휴의 경학저술인 『독서기』에는 『대학』·『중용』을 비롯하여 『효경』·『시경』·『상서』·『주례』·『예기』 등이 포함되어 있어 그의 경전 연구의 범위가 대단히 광범위하였음을 알 수 있다. 독서기에 들어 있는 『독상서』는 『백호전서』 권41에 『古詩經攷』와 함께 수록되어 있다.

윤휴는 『독상서』에서 상서 전체 58편 중에서 23편에 걸쳐서 주석을 붙였다.[12] 『독상서』에서 윤휴가 주석한 편명은 다음과 같다.

> 堯典 舜典 大禹謨 皐陶謨 禹貢 甘書 五子之歌 胤征 湯誓 仲虺 伊訓 咸有一德 說命 高宗肜日 西伯戡黎 微子 泰誓 武成 洪範 洛誥 無逸 蔡仲之命 秦誓

윤휴가 58편 중 23편에만 주석을 붙인 이유를 다음과 같이 밝혔다.

> 선유가 아직 연구하지 못한 것에 대해서 내가 논할 수 있었으며, 이미 밝혀낸 것에 대해서는 내가 다시 말하지 않았으니 보는 사람은 상세히 살피기 바란다.[13]

---

11) 최석기는 윤휴의 이러한 경학해석의 입장을 相對尊信朱子主義라고 칭하였다. 그는 탈성리학이란 용어의 부적절함을 제기하고 17세기 조선의 경학에서 주희의 학설을 묵수하는 경향을 絶對尊信朱子主義와 주희를 비판적으로 수용하는 경향을 相對尊信朱子主義로 나누었다(崔錫起, 1998, 「白湖 尹鑴의 經學觀」 『南冥學硏究』 제8집).

12) 윤휴가 『讀尙書』에서 주석을 붙인 편을 안병걸은 모두 21편이라 하였다. 필자가 조사하여 도표화한 것에 의하면 모두 23편이다.

13) 『白湖全書』下 卷41, 『讀尙書』, 洪範經典通議, "先儒之未之究言者, 愚得以論之, 卽其已發者, 愚亦不復言, 觀者詳之哉."

위에서 보듯이 23편을 제외한 나머지 35편에 대해서는 대체로 선유들이 주석한 것에 대해서 윤휴가 별도의 주석을 붙일 필요가 없었기 때문이었다. 뿐만 아니라 각 편 내에서도 모든 장절에 각각 주석을 붙인 것이 아니라 필요한 부분에 한해서만 선택적으로 주석을 붙였다.[14) 윤휴가 주석을 붙인 편명을 『서경』 58편과 대비시켜 보면 대체로 「우서」, 「하서」, 「상서」의 각 편에 대해서는 거의 대부분 주석을 붙였으나 뒤쪽으로 가서 「주서」 부분에는 주석을 생략한 부분이 많다.

『상서』·『독상서』 편목비교

	尙書	讀尙書	今·古文	비　고
虞書	堯典 舜典 大禹謨 皋陶謨 益稷	堯典 舜典 大禹謨 皋陶謨	今·古 今·古 今·古 (今文合於皋陶謨)	今伏生以舜典合於堯典無首28字 古梅賾闕舜典28字
夏書	禹貢 甘誓 五子之歌 胤征	禹貢 甘誓 五子之歌 胤征	今·古 今·古 古 今·古	帝告·釐沃·湯征·汝鳩·汝方
商書	湯誓 仲虺之誥 湯誥 伊訓 太甲	湯誓 仲虺之誥 伊訓	今·古 古 古 古 古	夏禮·疑至·臣扈·典寶 居明 肆命·徂后

---

14) 윤휴의 『讀尙書』는 조선시대 상서주석서 중에서는 비교적 그 양이 많은 편이지만, 주희주에 대해서 비판하고 독자적 입장을 보임으로써, 윤휴와 함께 공격을 받은 박세당이 대부분의 장절에 대해 주석을 붙인 『尙書思辨錄』에 비하면 소략하다. 윤휴나 박세당의 상서주석서들이 그 양이 상대적으로 많았던 것은 語句解釋이나 地理, 天文, 歷史 등에 대한 고증에 치중하였기 때문이다. 이러한 점은 윤휴와 박세당의 상서주석서의 하나의 경향이었다.

	咸有一德	咸有一德	古	沃丁·咸乂四篇·伊陟·原命·
	盤庚		今·古	河亶甲·祖乙
			(今文三篇合爲一篇)	
			古	
	說命	說命	今·古	
	高宗肜日	高宗肜日	今·古	
	西伯戡黎	西伯戡黎	今·古	
	微子	微子	今·古	
周書	泰誓	泰誓	古	
	牧誓		今·古	
	武成	武成	古	
	洪範	洪範	今·古	
	旅獒		古	巢命
	金縢		今·古	
	大誥		今·古	
	微子之命		古	歸禾·嘉禾
	康誥		今·古	
	酒誥		今·古	
	梓材		今·古	
	召誥		今·古	
	洛誥	洛誥	今·古	
	多士		今·古	
	無逸	無逸	今·古	
	君奭		今·古	
	蔡仲之命	蔡仲之命	古	成王政·浦姑
	多方		今·古	
	立政		今·古	
	周官		古	賄肅愼之命·毫姑
	君陳		古	
	顧命		今·古	
	康王之誥		今·古	
	畢命			
	君牙		古	
	囧命		古	
	呂刑		古	
	文侯之命	秦誓	今·古	
	費誓		今·古	
	秦誓			
			今·古	
			今·古	

편장을 나눈 것에서 하나 특기할 것은 현재의『상서』58편에서「益稷」편의 경문 '州十有二師 外薄四海 咸建五長'[15])에 대한 주석을 다음과 같이 붙였다.

> 皐陶
> 州十有二師 外薄四海 咸建五長 得古大傳曰 古之處師八家爲鄰 三鄰爲朋 三朋爲里[16])

이 부분은『상서』에서는「익직」편에 속하는 것인데 윤휴는 이것을「皐陶謨」편의 제목 아래 두어서「익직」편을「고요모」편에 통합한 것으로 보인다. 금문상서에서는「익직」편이「고요모」편에 함께 포함되어 있는데 윤휴의 이와 같은 편차는 금문상서의 편차를 따른 것으로 추정된다.

「홍범」에 대해서는「독서기」상서주석에서 다루었지만「洪範經典通義」라는 별도의 글을 통하여 상세하게 다루었다.「홍범경전통의」서에서,

> 선유가 드러내어 밝힌 것도 오히려 뒷사람을 기다린다. 나는 전인의 설을 추론하여 홍범의 남은 뜻을 살피고 논하여 성인의 심법에 근원하고자 한다.[17])

라고 하여「홍범경전통의」의 저술 동기를 밝혔다.『독상서』에서「홍범」을 다루었지만 성인의 심법을 전하는 가장 핵심적인 부분이라 할 수 있는「홍범」에 대해서는 비록 선유가 밝힌 것이 있다 하더라도 자신이 앞사람의 설을 추론하여 별도로 다룰 필요가 있어 저술을 하였

---

15) 蔡沈,『書集傳』卷2, 益稷.
16)『白湖全書』下 卷41,『讀尙書』, 皐陶, 1645쪽.
17)『白湖全書』中 卷24,『讀尙書』, 洪範經典通義序, 995쪽. "先儒所以發明之者, 猶有待於後之人. 余旣竊推前人說, 考論洪範餘意, 平原聖人之心法."

다는 것이다.

「홍범경전통의」 마지막 부분에 '崇貞玄默大棣仲秋日 書九峯先生洪範傳後'[18]라고 명기된 제목의 글이 붙어있다. 구봉은 주희의 명을 받아 『서집전』을 저술한 채침을 말하는 것인데 이 글에서는 채침과 주희가 해석한 「홍범」에 대해서 윤휴가 자신의 해설을 붙인 것이다. 주희가 비록 수천 년간 답습해 온 잘못된 견해를 깨뜨려 성인의 근본 된 뜻을 얻음으로써 비로소 「홍범」을 읽을 수 있게 되었지만 잘 드러나지 않는 뜻에 있어서는 들을 수 없는 것이 있어서 윤휴 자신이 말을 하지 않을 수 없는 부분이 있다고 하였다.[19]

윤휴의 『독서기』에는 서경 58편 중 23편에만 주석을 붙였는데 23편 중에는 「주관」편이 없다. 그러나 그의 문집에 「公孤職掌圖」에서 「주관」편에 대해 주석한 것을 볼 수 있다. 옛날의 三公과 四隣의 설을 『大戴禮』에서 찾아서 그 뜻을 확충하기 위하여 경전을 근본으로 하고 史書를 참고하여 관직 제도 개혁의 안을 제시하고자 하였다. 근본으로 삼는 경전으로서 『상서』「주관」편을 앞에 내세워 公孤의 직장을 보여주고자 하였다.[20] 이어서 윤휴는 공고직장도 앞머리에 상서 주관편 전편을 전제하고 거기에 대하여 주석을 붙였다. 이것은 『독상서』에서 빠진 「주관」편을 보충할 수 있는 것이다. 주석은 주로 어구와 관직 제도의 유래와 담당 직무를 풀이한 것이었다. 윤휴는 주나라의 삼공제도에 선행하는 관직 제도에 대한 설명에서,

> 百揆는 거느리지 않는 자가 없고 四岳은 方岳을 거느리고 州牧은 각기 그 주를 거느린다. 侯伯은 州牧 다음으로 제후를 거느린다.[21]

---

18) 『白湖全書』 下 卷41, 『讀尙書』, 洪範經典通義, 1678쪽.

19) 『白湖全書』 下 卷41, 『讀尙書』, 洪範經典通義, 1678~1682쪽.

20) 『白湖全書』 中 卷28, 公孤職掌圖, 1177쪽.

21) 『白湖全書』 中 卷28, 公孤職掌圖, 1178쪽.

라고 하여 관직의 직무에 대한 주석을 붙였다. 그는 또 「주관」편의 '立太師太傅太保玆惟三公 論道經邦 變理陰陽'[22]에 대해서는 다음과 같이 어구 해석과 관직의 유래에 대해서 주석을 하였다.

> 立은 시작이라는 말이다. 삼공은 여기(周)에서 시작되는 것은 아니다. 주가에서 (삼공의) 제도를 정하는 것은 여기에서 시작된다. 賈誼는 保는 그 신체를 보전한다는 것이며, 傳는 德義를 편다는 것이다. 師라는 것은 교훈으로 인도하는 것이며, 公이라는 것은 사사로움이 없는 것을 일컫는다. 論이라는 것은 연구하여 밝힌다는 것이며, 經이라는 것은 經倫을 말하는 것이며 變理는 調和를 말하는 것이다.[23]

「公孤職掌圖」는 윤휴가 왕에게 올린 글로서 兩亂으로 비정상적으로 확대된 임시기구인 비변사를 혁파하고 의정부를 중심으로 권력구조를 개편하자는 것이다.[24] 윤휴는 관직제도 개편을 통한 권력주조 개혁론의 근거를 『상서』 「주관」편에서 찾으려한 것이다. 비록 저술의 의도는 약간 차이가 있다 하더라도 「고공직장도」 앞머리에 내세운 「주관」편에 대한 윤휴의 주석은 『독상서』에 없는 「주관」편에 대한 해석을 보충할 수 있는 자료이다.

3. 『서집전』에 대한 비판과 김인산의 영향

윤휴는 『독상서』에서 주희에 대해서는 앞에서 인용한 바와 같이 大中의 의미를 분별함으로서 천 년간 답습되어온 잘못된 견해를 깨뜨릴 수 있었으며 '篤恭'의 설을 규명함으로써 성인의 정치하고도 은밀한

---

22) 『尙書』 卷9, 周官.
23) 『白湖全書』 中 卷28, 公孤職掌圖, 1178쪽.
24) 이원택, 2004, 「17세기 윤휴의 권력구조개편론」 『동방학지』 125, 연세대 국학연구원.

본의를 제시할 수 있게 되어서 「홍범」을 읽을 수 있게 되었다고 평가하였다. 주희의 상서주석에 대해 그 가치를 높이 평가하면서도 구체적인 사실고증에 있어서는 윤휴의 판단에 따라 취사선택하였다.

지리고증에 있어서 『상서』「우공」편에 漢水에 대한 導水에 '東滙澤 爲澎蠡'[25]라는 구절이 있는데 이 부분에 대해서는 여러 주석가들이 서로 달랐다. 『상서정의』는 이 구절을 "물이 동쪽으로 돌아 澎蠡의 大澤이 되었다"[26]고 했다. 이에 비해 채침은 상세한 지리고증을 통하여 東滙가 아니라 南滙라고 해야 합당하다고 하였다. 이러한 오류가 생긴 이유는 이 지역이 완악한 苗族이 거주하는 곳이라 관원들이 파견되어도 깊이 들어가 보지 못함으로써 단지 澎蠡가 澤이 된 것을 알았지만 한수가 돌아서 된 것이 아님을 몰랐기 때문이라고 해명하였다.[27] 이 부분 고증은 채침의 설과 주희의 설이 합치되는 것인데, 윤휴는 주희의 설을 다음과 같이 들어서 설명하였다.

> 彭蠡는 江漢이 동쪽으로 滙한 것이 아니라는 것은 주자가 다 판별해 놓은 것이다.[28]

상서의 지리고증이 『상서정의』와 채침의 『서집전』이 서로 다르고 여타 주석가들의 분분한 설이 많은 것을 주희의 설을 인용하여 결정지웠다. 그러나 윤휴의 『독상서』에서 고증에 관한 주희설은 수용되지 못한 것이 더 많다.

> 주자가 「禹貢」을 기록한 것은 洞庭의 中流가 澤이 아님을 모른 것이다.[29]

---

25) 『書經』 卷3, 禹貢.
26) 『尙書正義』 卷6, 禹貢, "滙, 回也. 水東回爲彭蠡大澤."
27) 『書集傳』 卷3, 禹貢.
28) 『白湖全書』 下 卷41, 『讀尙書』, 禹貢, 1646쪽.

　　　　주자가 말한 '주공이 형제사이에서 片言과 半辭로 갑자기 兵을 일으
　　키어 정벌하지는 않았다'는 것은 사실을 잘못 파악한 것 같다.[30]

　위에서 보듯이 주희의 지리 고증이나 역사적 사실 고증이 사실과
부합하지 않는다고 비판하기도 하였다. 서경 해석에 있어서 주희의
공로는 인정하나 구체적인 고증과 훈고에서는 주희의 설을 묵수하지
는 않고 자신의 판단에 따라 취사선택하였다.
　『서집전』을 저술한 채침의 상서해석에 대해서는 상당히 비판적인
태도를 취하였다. 주희에 의하여 주희 이전까지 답습되던 상서해석의
오류가 깨어져서 상서를 읽어 이해할 수 있게 되었지만 부분적으로
밝혀내지 못한 부분은 있다. 이런 점에서 채침의 전이 주희의 상서해
석의 설에 근거하지 않았다고 비판하였다. 윤휴는 바로 이러한 불만
에서 자신이 『독상서』를 저술하지 않을 수 없다고 저술의 동기를 밝
혔다.
　구체적인 어구의 해석이나 사실 고증에서도 윤휴는 채침의 설을 비
판하였다. 『상서』「咸有一德」편의,

　　　　덕은 일정한 스승이 없고 선을 주로 하는 것을 스승으로 삼는다. 선
　　은 일정하게 주로하는 바가 없고 하나로 할 수 있음에 맞춘다.[31]

라는 구절에 대해서 윤휴는 다음과 같이 주석하였다.

　　　　이 16자가 일편의 강령이다. 그 의미는 내가 남에게서 취하여 선으
　　로 삼는 것은 정해진 본보기가 없고 선한 것을 따를 뿐이다. 그런즉 천
　　하의 성현과 철인의 말이나 꼴 베고 나무하는 자의 이야기나 이치에
　　맞으면 받아들여야 한다는 것이다. 그러나 선을 취하는 근본은 내 마음

---

29) 『白湖全書』下 卷41, 『讀尙書』, 禹貢, 1647쪽.
30) 『白湖全書』下 卷41, 『讀尙書』, 蔡仲之命, 1660~1661쪽.
31) 『書經』卷4, 咸有一德, "德無常師, 主善爲師, 善無常主, 協于克一."

에 달렸으므로 하나로 전일하게 하면 근본이 서고 근원이 맑아지고 권도가 정밀하고 절실해져서, 취한 것이 선하지 않음이 없고 천하의 이치가 내게 있게 된다. 이것이 舜의 大智이며 묻기를 좋아하고 정밀하게 살피고 兩端을 잡아서 가운데를 취하는 도이다.[32]

이 구절을 채침은 『서집전』에서,

> 선을 주로 하지 않으면 一本萬殊의 이치를 깨달을 수 없다. 선은 專一함에 근원해야 하는데 專一함에 합치되지 않으면 萬殊一本의 묘리를 통달할 수 없다.[33]

라고 주석하였다. 이에 대해 윤휴는 채침의 '만수일본'으로 해석한 것은 立言의 본의도 아니며 注 중의 주희의 설과도 다르다고 비판하였다.[34] 흥미로운 점은 「함유일덕」편의 이 구절에 대해서 '만수일본'의 이론으로 해석한 채침의 주석에 대해서 박세당도 아래와 같이 비판하였다.

> 그 뜻이 가리키는 것을 찾지 않고 그 말이 서로 비슷한 것을 가지고 억지로 갖다 붙여놓고, 크게 스스로 옛사람의 정미한 깊은 뜻을 얻었다고 생각하고 그 설을 장황하게 하면서 잘못됨을 알지 못한다. 마침내는 후학들로 하여금 의심스럽고 혼란하게 하여 따를 바를 모르게 한다.[35]

채침이 「이훈」편의 주석에서 탕의 뒤를 이어 태갑이 즉위한 것으로 파악한 공안국의 전(『고문상서공전』)은 書序의 문장에 현혹된 오류라고 비판하였다. 이에 대해 윤휴는 『독상서』「이훈」편에서,

---

32) 『白湖全書』 下 卷41, 『讀尙書』, 咸有一德, 1652쪽.

33) 『書集傳』 卷4, 咸有一德.

34) 『白湖全書』 下 卷41, 『讀尙書』, 咸有一德, 1652쪽.

35) 『西溪全書』 下, 『尙書思辨錄』, 咸有一德, 179쪽.

傳(채침의 『서집전』)은 '태갑이 仲壬의 棺 앞에서 즉위하였다'고 말
하고 공전(공안국의 전)에서 탕이 죽고 奠殯했다는 설을 배척하였다.
내가 살펴 보건대 임금이 자리를 계승함에는 初喪에 嗣子의 지위를 바
르게 하는 것이 있고, 명년에 개원하여 즉위하는 일이 있고, 상을 마치
고 길하게 되면 종묘에 고하는 일이 있다. 지금 이것은 탕이 죽은 처음
에 태갑이 지위를 바로잡는 것이다. 원년 12월 선왕에게 제사지냈다는
것은 개원 즉위한 일이다. '제사를 지내고 삼가 알현했다'는 것은 조석
의 奠과는 다른 것이다. '冢宰가 왕을 받들고 백관이 자신의 임무를 총
괄한다'는 것은 원래 옛날 諒闇36)의 예이다. '삼년 십이월에 면복으로
亳에 돌아왔다'는 것은 종묘에 고한 일을 말하는 것이다. 공전의 말은
고칠 수 없는 것으로 생각된다.37)

라고 하여 윤휴는 상례를 들어가며 공안국 전을 비판한 것은 채침의
잘못이며 공안국의 전은 고칠 수 없는 타당한 것으로 생각된다고 하
였다. 『독상서』 전편에 걸쳐 어구·사실·지리·예제에 대한 고증에
서 윤휴는 대체로 채침의 설에 대하여 비판적인 입장을 취한다.

윤휴의 『독상서』에서 『상서정의』38)의 설을 인용하였는데 모두 고
증에 관한 것이다. 지리에 관한 고증을 주로 한 직제·역사적 사실·
제도 등에 관한 것인데 채침전의 미비한 부분을 『상서정의』를 통하여
보완하려한 것으로 보인다. 그러나 『상서정의』의 오류도 지적하였다.
'孔傳', '孔安國', '鄭氏' 등의 표현으로 『상서정의』를 인용하는데, 당

---

36) 諒闇은 喪主가 喪中에 거처하는 盧幕이다.
37) 『白湖全書』 下 卷41, 『讀尙書』, 伊訓, 1651쪽, "傳言太甲卽位於仲壬之柩前,
而斥孔傳湯崩奠殯之說. 案人君繼體, 有初喪正嗣子位之事, 有明年改元卽位
之事, 有喪畢卽吉, 告廟之事. 今此太甲, 旣正位於湯崩之初矣. 元祀十二月嗣
于先王, 則改元卽位之事也. 祀而祗見, 固異於朝夕之奠也. 冢宰奉王而百官
總己, 固古者諒闇之禮也. 至若三祀十二月冕服歸亳, 則卽言告廟之事也. 孔
傳之言, 恐不可改也."
38) 『尙書正義』는 채침의 『書集傳』이 저술되기 이전까지 통용되던 상서주석
서인데, 漢代의 孔安國의 傳에 唐代의 孔穎達이 疏를 붙인 것이다. 『尙書
正義』는 唐 太宗의 勅命에 의해 만들어진 『五經正義』 중의 하나다. 우리
나라에서는 고려 말 채침의 『書集傳』이 들어오기 이전에 사용되었다.

대 공영달의 소에 대해서는 전혀 언급한 바가 없다. 역사적 사실고증에 있어서 탕이 죽고 나서 태갑이 바로 탕을 이어 즉위하였는가 하는 문제에 대해서는 논란이 있어왔다. 상서 「이훈」편 다음 구절에 대하여 채침의 『서집전』과 『상서정의』의 주석이 상치되었다.

> 원년 12월 을축일에 이윤이 선왕에게 고하고 사왕을 받들어 공손히 선조들을 알현케 하였다.[39]

이에 대하여 『상서정의』에서는,

> 이것은 탕이 죽고 달을 넘겨서 태갑이 즉위하여 전빈하고 고한 것이다.[40]

라고 주석하였다. 「이훈」의 경문이 탕이 죽고 나서 달을 넘겨서 태갑이 즉위하여 빈소에 고한 것이라고 해석한 것이다. 이에 대해 채침은,

> 경문에 '元祀十有二月 乙丑'이라고 한 것은 십이월을 정삭으로 삼아 개원한 것이니 무엇이 의심스럽겠는가? 그 정삭에 행사한 것이다. 그래서 이다음에 그 임금에게 정치를 돌려준 것도 십이월 초하루에 嗣王을 받들어 亳으로 돌아온 것이다. 제사를 지내어 정치를 돌려준 것을 고하는 것도 모두 중요한 일이다. 그래서 모두 정삭에 실행한 것이다. 공씨는 그 설을 이해하지 못하여 탕이 죽고 달을 넘겨 태갑이 즉위하여 빈소에 조석을 올리며 고한 것이라 생각했으니 이것은 죽은 해에 개원한 것이 된다. 蘇氏가 말하기를 죽은 해에 개원하는 것은 난세의 일이다. 이윤에게 용납될 수 없는 것인데 그런 일이 있다 하니 분변하지 않을 수 없다.[41]

---

39) 『書經』 卷4, 伊訓, "惟元祀十有二月乙丑, 伊尹祠于先王, 奉嗣王, 祗見厥祖."
40) 『尙書正義』 卷8, 伊訓.
41) 『書集傳』 卷4, 伊訓.

고 하였다. 탕이 죽은 해에 바로 태갑이 개원한 것은 난세의 일이며
공씨가 이렇게 생각한 것은 개원의 뜻을 이해하지 못한 것이라고 비
판하였다. 그래서 채침은 이것은 탕이 죽고 나서 外丙·仲壬을 거쳐
서 태갑이 박에서 돌아와 종묘에서 돌아온 것을 고하는 제사를 올린
것이라고 풀이하였다. 이어서 만약 태갑이 탕의 빈소에서 奠殯하였다
면 빈소에서 조석으로 전하는데 무엇 때문에 제사를 드리겠는가? 그
리고 상주는 빈소 옆을 떠나지 않는데 다시 공경히 뵌다고 할 필요가
있겠는가?라고 반문하였다. 양자의 해석의 차이는 결국 태갑이 탕을
바로 이어서 왕이 된 것인가 아니면 탕이 죽고 나서 외병·중임을 거
쳐서 태갑이 왕위에 오른 것인가 하는 역사적 사실에 대한 차이에서
비롯된 것이다. 전자는『상서정의』의 입장이고 후자는 채침의『서집
전』의 주장이다.

　이에 대해 윤휴는 다음과 같이 자신의 결론을 내렸다.

　　　성탕이 죽고 태갑이 이어서 즉위하였다. 태정이 즉위하지 못하고 죽
　　음에 태갑이 대를 이을 적장자로서 왕통을 이은 것이다.『맹자』에서 말
　　한 외병 2년 중임 4년은 성탕이 죽고 나서 태정의 자식들이 모두 어려
　　서 종사를 맡길만한 자가 없다는 것을 말하는 것이었다. 태갑은 또 선
　　왕의 법을 전복시켜서 국가가 위태롭게 되었다. 그래서 이윤이 사왕은
　　조상의 업적을 이어가야 한다는 말을 하였으나 (태갑의) 여러 번 엎어
　　진 사실은 말하지 아니하였다. 당시에 세 왕이 연이어 돌아가시고 나라
　　의 운명이 위태로워서 이윤의 훈계에서 천명은 유지하기 어렵고 근심
　　스러운 것이라는 뜻을 말하지 않을 수 없었다. 古序에서 성탕이 죽고
　　태갑 원년이라 했으니 또한 태갑이 성탕을 이어서 즉위한 것을 보여준
　　것이다.42)

　윤휴는 태갑이 성탕을 이어서 즉위했다는『상서정의』의 설을 채택
하였다. 이어서,

---

42)『白湖全書』下 卷41,『讀尚書』, 伊訓, 1650~1651쪽.

『서집전』에서는 태갑이 중임의 관 앞에서 즉위하였다고 하고 공안국전의 탕이 죽자 빈소에서 전했다는 주석을 비판하였다. 내가 생각하건데 인군이 체통을 잇는 데에는 초상에 사자의 지위를 바로잡는 일이 있고, 명년에 개원하고 즉위하는 일이 있으며 상이 끝나고 길하게 되면 종묘에 고하는 일이 있다. '惟元祀十有二月乙丑 伊尹祠于先王'은 개원하고 즉위한 일이며 제사 지내고서 공경히 조상을 알현하였다는 것은 조석으로 전하였다는 것과는 본래 다른 것이다. 총재가 왕을 받들고 백관들이 자기 임무를 총괄하여 총재의 결제를 받는다는 것은 본래 옛날 '諒陰'의 예다. 삼년 십이월에 면복을 입고 박으로 돌아온 것은 종묘에 고한 일을 말하는 것이다. 공전의 말은 아마도 고칠 수 없는 것이다. 다만 탕이 죽고 해를 넘기지 않고 태갑이 즉위하여 개원했다는 공전의 해석은 매우 잘못된 것이다.[43]

고 하였다. 윤휴의 결론은 태갑이 탕을 이어서 군주의 자리에 올랐다고 정리하여 『상서정의』의 공안국의 설을 채택하였다. 그러나 개원 문제에 대해서는 탕이 죽은 원년에 태갑이 개원 즉위했다는 공안국의 설은 매우 잘못되었다고 결론지음으로써 채침의 『서집전』의 주장을 채택한 셈이 되었다. 위에서 보듯이 윤휴는 『서집전』이나 『상서정의』 어느 설에도 기울어지지 않고 자신의 입장에서 취사선택할 뿐이었다. 정삭에 대한 것을 고증함에 있어서는 『서집전』의 설을 지지하고 공안국의 전이 잘못되었다고 하였다.[44]

윤휴가 『상서정의』를 인용함으로써 당시 채침의 『서집전』의 해석만을 고수하던 서경주석의 경향을 벗어나고 상서주석의 지평을 확대하려 한 것으로 평가할 수 있다. 그러나 윤휴가 인용한 『상서정의』의 주석은 모두가 이미 채침의 『서집전』에서 채침이 인용한 부분들이다. 즉 윤휴의 『독상서』에 언급된 공안국의 주는 채침이 『서집전』에서 인용되어 있는 것이었다.[45] 이러한 점은 박세당의 『상서사변록』의 경우

---

43) 『白湖全書』 下 卷41, 『讀尙書』, 伊訓, 1651쪽.
44) 『白湖全書』 下 卷41, 『讀尙書』, 伊訓, 1650～1652쪽.
45) 『讀尙書』에 인용된 『尙書正義』의 주석들을 일일이 대조한 결과 모두 채

와 매우 흡사하다.[46] 주희의 경전해석과는 다른 주석을 시도하면서도
그들이 사용한 저본은 주희의 명을 받아 저술한『서집전』의 범위를
벗어나지 못한 것이다. 이러한 사실은 윤휴의 상서주석서가 독자적인
주석체계를 구축하고자 한 것이라고 평가하는 데 있어서 한계로 인식
될 수밖에 없다.

윤휴는『독상서』에서 주희와 채침을 비롯하여 여러 학설을 인용하
는데 주희와 채침을 제외하고는 김인산의 설을 많이 인용하였다. 김
인산의 설은『서집전대전』에도 채록되어 있지만 윤휴가『독상서』에
인용한 부분은 대전본에 인용된 내용과는 다른 것이었다.『상서』「미
자」편에 대한 역사적 사실 고증에서 김인산의 주석을 다음과 같이 인
용하였다.

> (채침의) 전이『춘추』의 逢伯이 말한 것에 의거하여 손을 뒤로 묶고
> 구슬을 무는 것(항복의 예)을 微子의 일로 여겼다. 김인산은 손을 뒤로
> 묶고 구슬을 문 것은 무경이지 미자가 아니다. 미자는 간한 것이 행해
> 지지 않자 떠나버린 것이지 주나라에 간 적이 없다. 무왕이 무경을 토
> 벌하고 나서 미자를 찾아서 은의 뒤를 잇게 하였다고 설명하였다. 전인
> 이 밝혀내지 못한 것을 밝혀내었으며 성현의 마음을 보았다고 이를 만

침의『書集傳』에서 이미 인용된 것이었고『書集傳』에 인용되지 않은 공
안국전은 하나도 직접 인용한 것이 없다. 이것을 보면 윤휴는『尙書正義』
를『書集傳』을 통해서 재인용한 것이었다.
46) 박세당은『尙書思辨錄』에서 공영달이나 공안국의 주에 대해 여러 차례
인용하였다. 그러나 이것이 모두 채침의『書集傳』에 인용된 것을 박세당
이 재인용한 것이며 채침의『書集傳』에 인용된 것 이외에 직접『尙書正
義』를 인용한 부분은 단 한 줄도 없다. 이것은『尙書正義』에 대해서 뿐
만이 아니라 다른 제설의 인용 역시 박세당이 직접 자료를 찾아 인용한
것이 아니고 모두『書集傳』에 인용된 것을 재인용한 것이다. 그러나 윤
휴는『尙書正義』에 대해서는『書集傳』에 인용된 것을 재인용하였으나,
다른 주석에 있어서는 윤휴가 직접 열독하고 인용한 것이 상당부분 있
는 것으로 드러났다(김만일, 2003,「朴世堂經學思想의 性格」『유교문화연
구』6집).

하다. 인산의 일을 논하려면 반드시 이 점을 살펴야 한다.[47)]

　항복의 예를 행한 것은 미자가 아니라는 사실 고증에서 채침을 비판하고 김인산의 설이 정확할 뿐만 아니라 앞사람들이 밝혀내지 못한 것을 밝혀낸 것이라고 평가하고 인산의 설을 논함에는 반드시 이 부분의 사실고증을 평가해주어야 한다고 했다. 『상서』「洛誥」편에서 殷의 頑民을 옮기는 장소를 점친 사실에 대하여,

> 召公이 戊申에 살 곳을 점쳐서 경영하였다면 周公이 乙卯에 점친 것은 곧 殷民을 옮길 장소를 黎에 점쳐보고 澗에 점쳐보고 瀍에 점쳐본 것이니 백성들의 살 곳을 옮기는 것이 한 장소가 아니기 때문이다. 만약 소공이 점을 쳤는데 (같은 장소를) 주공이 다시 점을 쳤다면 瀆이다. 하물며 살 곳을 점치는 것은 큰일임에랴. 어찌 두 번째 것을 채택하고 앞의 것을 버리겠는가. 인산의 설이 확실하다.[48)]

고 하였다. 주나라가 은나라 백성을 옮길 장소를 점친 것에 대하여 『서경』「낙고」편에는 소공이 戊申日에 점치고 주공이 乙卯日에 점친 것으로 되어 있다.[49)] 동일한 주제에 대하여 거듭 점을 치는 것은 瀆이 되므로, 이에 대하여 윤휴는 소공과 주공이 같은 장소를 거듭 점친 것이 아니라, 옮길 곳을 서로 다른 장소로 여러 군데에 점을 친 것으로 해석한 김인산의 설이 확실한 것이라고 인용하였다.
　『독상서』 여러 곳에서도 '인산의 설이 확실하다', '인산의 설에 다 갖추어져 있다'라고 평가하였다. 이로써 보면 윤휴는 『독상서』를 저

---

47) 『白湖全書』 下 卷41, 『讀尙書』, 微子, 1653~1654쪽. "傳据左氏以逢伯所言, 面縛啣璧爲微子事. 金仁山以爲面縛啣璧武庚也, 非微子也. 微子諫, 不行, 面去之, 未嘗適周. 武王旣討武庚, 求微子而紹殷後. 可謂發前人之所未發, 而有見於聖賢之心. 論仁山之事者, 必宜考於是."

48) 『白湖全書』 下 卷41, 『讀尙書』, 洛誥, 1659쪽.

49) 『書集傳』 卷8, 洛誥.

술함에 김인산[50]의 영향을 많이 받은 것으로 보인다. 김인산의 학문 태도에 대해서는 『송원학안』에 다음과 같이 기록되어 있다.

> 인산은 論孟考證이 있으며 주자가 밝히지 못한 것을 밝혀냈는데 서로 어긋나는 점이 많다. 그가 주자와 서로 어긋나게 한 것은 특이한 것을 세워 높게 하려는 것이 아니다. 도를 밝히려는 마음은 주자와 같기를 바란 것이다. 주자가 어찌 (자신의 설과) 같은 것은 좋아하고 다른 것은 미워했겠는가?[51]

김인산의 학문이 주희가 밝히지 못한 것을 밝혀냈으며 주희와 서로 어긋났으나 도를 밝히려는 마음은 주희와 같기를 바랐다는 것은 윤휴의 경전을 대하는 기본적인 시각과 일치하는 점이 많다. 앞사람들이 밝혀내지 못하는 것을 밝혀내는 것이 후인들이 경학을 연구하는 목표라는 윤휴의 주장은 김이상의 태도와 일치한다. 김이상은 자신이 저술한 상서주석서인 『상서표주』 서문에서,

> 주자가 제경에 傳註한 것이 대략 갖추어졌는데 오직 서경에만 미치지 못하였다. 小序를 가려내어 의심스럽고 잘못된 것을 바로잡은 적이 있다. 그 요령을 지적하여 채씨에게 주어서 『집전』을 만들게 하니 제설이 여기에서 절충되었다. 책이 주자가 죽고 난 후 문인들의 어록이 모아지기 전에 완성됨으로써 빠지거나 잘못된 것에 대한 유감이 없을 수 없다. 내가 이에 表注를 지었다.[52]

라고 하여 『상서표주』를 저술한 것은 채침의 『서집전』의 미비함 때문이라고 밝혔다. 윤휴의 『독상서』 또한 대체로 주희에 대해서는 높이

---

50) 『宋元學案』 卷82, 北山四先生學案, "金履祥, 字는 吉父이고, 蘭溪사람이다. 天文・地形・禮樂・田乘・兵謀・陰陽・律曆의 書 등을 연구하지 않은 것이 없다. 仁山 아래에 살아서 학자들이 그를 仁山先生이라 하였다."
51) 『宋元學案』 卷82, 北山四先生學案.
52) 『文淵閣四庫全書』 제60책, 『尙書表注』, 尙書表注序.

평가하면서도 채침에 대해서는 비판적인 태도를 취하는데 이것이 윤휴가 『독상서』를 저술한 이유였다. 윤휴의 『독상서』에서 주희의 설과 다른 주석을 과감하게 할 수 있었던 것은 김인산의 영향을 받은 바가 크다고 하겠다.

윤휴는 『독상서』 「홍범」편에서 『서전회선』에 대해서 다음과 같이 언급하였다.

> 高皇帝가 홍범을 읽은 적이 있는데 '陰騭'[53])은 하늘의 일이다. 바람과 비·서리·이슬이 사시에 고르게 내려 오곡이 결실을 맺는 것과 같은 것이 이것이다. '相協厥居'[54])는 군주의 도이다. 五教를 펴고 五刑을 밝혀서 백성들이 편안하게 살게 하는 것과 같은 것이 이것이라고 생각하여 채침의 전이 그 의미를 밝혀내지 못했다고 배척하고 儒臣들로 하여금 다시 『서전회선』을 찬술하여 후세에 보이도록 하라고 말씀하셨다.[55])

윤휴가 언급한 『서전회선』은 곧 채침의 『서집전』이 불충분한 것에 대한 대안으로 찬술된 책이다. 사고전서에 수록된 『서전회선』 서문을 보면,

> 지금 남아 있는 것이 58편이다. 제유가 훈주한 것이 각각 다르다. 송 구봉 채씨에 이르러 스승 주희의 명에 근본하여 『집전』을 지었는데 발명함이 거의 다하였다. 그러나 그 책이 주희가 죽은 뒤에 만들어져서 의논할 만한 것이 없을 수는 없게 되었다.[56])

---

53) 『尙書』 卷6, 洪範, "惟天陰騭下民"에서 '陰騭'은 하늘이 드러나지 않게 백성들은 안정시킨다는 뜻.
54) 『尙書』 卷6, 洪範, "相協厥居"는 하늘이 백성들이 살 곳을 도와서 보호한다는 뜻.
55) 『白湖全書』 下 卷41, 『讀尙書』, 洪範, 1657쪽.
56) 『文淵閣四庫全書』 제63책, 『書傳會選』 書序.

라고 하였다. 『서전회선』은 채침의 주가 합당하지 못한 곳이 많아 명 태조가 유신들에게 명하여 오류를 정정하여 상서주석서를 다시 만들 라는 칙명에 의하여 찬술된 것이다. 윤휴가 『독상서』「홍범」에서 이 책을 편찬한 경위를 언급한 것은 곧 자신이 『독상서』를 저술하는 이 유이기 때문이다.

김인산을 인용한 것, 『서전회선』의 찬술 경위를 언급한 것 등을 통 해서 볼 때 윤휴의 『독상서』를 저술하는 기본적인 방향은 이들의 영 향이 적지 않았으리라 생각된다. 곧 주회의 명을 받아 저술된 채침의 『서집전』이 의심스럽고 불충분한 곳이 많아서 수정 보충할 필요가 있 었기 때문이다.

4. 윤휴의 상서해석의 특징

『독상서』에서 윤휴의 상서해석의 특징은 주로 어구의 해석, 지리·역사적 사실과 제도의 고증에 치중하였다는 것이다. 그의 고증학적 방법이나 고증을 위한 자료를 인용하는 것은 방대하고 풍부하다고 하 겠다. 윤휴의 상서해석의 고증에 대한 내용을 몇 개의 범주로 나누어 살펴보고자 한다.

1) 어구에 대한 훈고적 해석

먼저 어구를 해석함에는 경전을 인용하거나 여러 학자들의 주석에 의거하였다. 어구에 대한 해석은 훈고적인 것에 그치는 것만이 아니 라 그를 통하여 상서의 의미를 새롭게 해석하였으며 제도의 고증으로 이어지기도 하였다.

「순전」의 '愼徽五典'[57)]에 대한 주석에서도 채침의 『서집전』에서는

'徽'는 아름답다는 뜻으로 주석하여 五典을 삼가고 아름답게 하라는 뜻으로 풀이하였다.58) 윤휴는 이에 대한 어구해석에서,

> '愼'은 신중히 선택한다는 것이고 '徽'는 다스리다와 같다. 요가 순을 시켜서 이 일을 다스리게 하였다는 것을 말한다.59)

고 해석하여 '五典을 삼가고 아름답게 하다'는 채침의 설과는 전혀 다른 의미로 해석하였다.

『상서』「중훼지고」에서 '式商受命 用爽厥師'60)를 채침은,

> '式'은 '用'이며 '爽'은 '明'이고 '師'는 '衆'이다.61)

라고 한 것에 비해 윤휴는 『독상서』에서,

> '式'은 '用'이며 '爽'은 '失'이다.62)

라고 주석하였다. 채침과 윤휴가 서로 다른 어구 해석을 함으로써 이 짧은 구절의 의미는 다음과 같이 전혀 다르게 된다.

> 채침 : 商으로 하여금 명을 받아서 그 백성들의 덕을 밝게 하셨다.
> 윤휴 : 하늘이 商에게 명을 주어서 夏王이 그 백성들을 잃게 하셨다.

---

57) 『書經』 卷1, 舜典.
58) 『書集傳』 卷1, 舜典.
59) 『白湖全書』 下 卷41, 『讀尙書』, 舜典, 1642쪽.
60) 『書集傳』 卷4, 仲虺之誥.
61) 『書集傳』 卷4, 仲虺之誥.
62) 『白湖全書』 下 卷41, 『讀尙書』, 仲虺, 1650쪽.

새로운 어구해석을 통하여 채침과는 전혀 다른 새로운 상서해석을 시도하였다. 채침의 설은 성탕이 덕이 밝아 천명을 받아서 자신의 백성들조차 덕을 밝게 하였다는 뜻으로 풀이한 것이다. 이에 비해 윤휴는 성탕이 천명을 받아서 하의 걸이 하나라 백성을 잃어버리게 했다는 뜻으로 해석된다. 윤휴의 이러한 해석은 문장을 나눔에 있어 이 구절을 '簡賢附勢'의 뒷부분과 연결시켜서 해석한 것이다. 즉 하왕이 자신의 백성들의 지지를 잃음으로써 현자를 우습게 여기고 세력있는 자에게 아부하게 되었다는 것이다. 채침은 이 구절이 아래 구절인 '簡賢附勢'와 이어져야 한다는 오씨의 설을 인용하고서도 뜻이 통하지 않는다고 하고 착간이 있을 것이라 하였다.

윤휴는 이런 자신만의 독자적인 주석을 통하여 새로운 해석을 제시한데 대하여 그 근거의 정당함을 다음과 같이 밝혔다.

> 오호라! 先聖의 뜻이 막히어서 드러나지 않고 학자들은 그 말만을 외우고 뜻은 잃어버렸으니 이것이 前哲이 탄식하는 바이고 내가 죄로 여기는 바이다. 비록 그러나 내가 언급한 바는 나의 사사로운 말이 아니고 '前言에 살펴서 합치됨'이 있고 '인심에서 나와 증명할 수 있는 것'이어서 '지난날에 일어난 것도 진실로 여기에 있고' '앞으로 일어날 것도 반드시 고찰할 것이 있다.' 이것이 모두 經에 의거하여 그 다 드러내지 못한 것을 밝혀낸 것이며 經 외에서 상세하게 할 필요가 없는 것을 상세하게 한 적이 없다. 다만 천년 후의 지혜로운 자가 선택해 주기를 기다릴 뿐이다.[63]

이것은 윤휴가 경전 주석을 붙이는 이유와 당시의 경학을 대하는 학문 풍토를 비판하는 것이다. 윤휴가 경전 주석을 하는 이유는 선성

---

63)『白湖全書』下 卷41,『讀尙書』, 洪範經典通義, 1679쪽. "嗚呼, 先聖之意, 鬱而不明, 學者誦其言而亡其意, 此固前哲之所歎, 而某之所由罪焉耳. 雖然, 予所言者, 非予私言也, 稽之前言而有契 出於人心而可徵, 往者攸興, 固亦在是, 來者有作, 必將有考. 是皆因經而發其未盡發, 未嘗外經而詳其不必詳直. 惟千載之後, 以竢知者擇焉耳."

의 뜻을 통하게 하기 위한 것이며 선성의 뜻이 막히어 있는데도 새로이 주석을 붙이려 하지 않고 그 말만을 외우는 당시의 학문태도를 비판하였다. 윤휴는 자신의 경전주석의 합리성을 앞사람들의 말과 합치된다는 점과 보편적인 인심에서 찾으려고 하였다. 경전에 대한 새로운 주석을 붙이는 것은 경에 의거한 것이며 앞선 선현들이 밝혀내지 못한 것에 국한하였다고 하였다. 이것은 경전에 대해서 주희와 다른 주석을 붙이는 것이 특이하고 남다른 것을 좋아해서가 아니라 도를 추구하는 마음에서 나온 것일 뿐이라는 김이상의 말과 연결되는 점이 있다. '천년 후에 지혜로운 자가 선택해주기를 기다릴 뿐이다'라고 한 것은 윤휴 당시에 자신의 설이 바로 받아들이기 어려운 상황이었음을 스스로 의식한데서 나온 말인 듯하다.

윤휴는 『독상서』「순전」에서 '格于文祖'에 대한 자신의 어구해석에 대해서 다음과 같이 경전에 의거했음을 보여주었다.

> 格于文祖에서 格이란 感通을 이르는 것이다. 대개 신에게 바친다는 것을 일컫는 것이다. 「高宗肜日」에서 이른바 '格王'과 『논어』에서 '有恥且格'과 『대학』에서 '格物'이 모두 이런 뜻을 쓴 것이다. 『周易』에서 '王假有家'의 假는 格과 통한다. 왕의 德化가 家人을 감통하여 마음으로부터 복종하게 한다는 것을 말한다. 그래서 '王假有家'는 서로 사랑한다는 것이라고 하였다. 有家는 室人을 말한다.[64]

'格于文祖'의 格을 채침은 '이른다'의 의미로 해석하였는데 윤휴는 감통의 의미로 해석하였다. 자신의 이러한 어구해석이 자신의 사사로운 생각에서 나온 것이 아니라 다른 경전에서도 감통의 의미로 해석된 곳이 있음을 보여줌으로써 자신의 주석을 증명하고자 하였다. 『서경』「고종융일」편의 '惟先格王 正厥事'의 格[65]도 '왕을 감통하게 하여

---

64) 『白湖全書』 下 卷41, 『讀尙書』, 舜典, 1643쪽.
65) 『書經』 卷5, 高宗肜日, "祖己曰, 惟先格王, 正厥事."

정사를 바로잡는다'는 뜻으로 해석된다는 것이다. 그러나 윤휴는 상서 「고종융일」의 이 부분에서는 언급이 없다. 『논어』의 '有恥且格'[66]에서도 대체로 格은 '이른다'(至), '바로 잡는다'(正)의 의미로 해석하는데 반하여 윤휴는 '부끄러워하면서도 감통하는 바가 있다'라고 해석한 것이다. 『대학』의 '格物'의 格[67]에 대해서는,

> 주자는 格을 至라고 했다. 사물의 이치에 다 이른다는 것이다. 지금 格자를 살펴보면 정으로써 감통한다는 것을 말한다.[68]

라고 하여 여기서도 격을 감통으로 풀이하였다. 『주역』家人卦의 '王假有家'의 假의 의미와 같다고 하였다. 위에서 보듯이 「순전」의 '格于文祖'의 格字를 감통으로 해석하고 그 근거로서 『서경』, 『논어』, 『대학』, 『주역』의 관련 구절을 인용하였는데 이른바 경전으로서 경전을 해석한다는 '以經解經'의 방식을 취한 것이다.

윤휴는 자신이 경전을 주석하는 이유를 선인들이 발명하지 못한 것을 드러내어 밝히고자 하는 것이라고 하였다. 그래서 『서경』에서 그 내용이 불명하고 지금까지 『서집전』이나 『상서정의』에서조차 분명하게 주석해내지 못한 구절에 대해 나름대로 명확하게 드러내고자 여러 곳에서 주석을 시도하였다. 상서의 「이훈」편에 다음과 같은 구절이 있다.

爾惟德罔小 萬邦惟慶 爾惟不德罔大 墜厥宗[69]

이 구절에 대하여 윤휴는 다음과 같이 상세하게 주석을 붙였다.

---

66) 『論語』 卷2, 爲政, "道之以德, 齊之以禮, 有恥且格."
67) 『大學』, "致知在格物."
68) 『白湖全書』 下 卷37, 大學古本別錄, 1502쪽.
69) 『書經』 卷4, 伊訓.

공자는 말하였다. 소인들은 작은 선은 이익이 될게 없다고 생각하여 행하지 않고 작은 악은 해가 될 것이 없다고 생각하여 없애버리지 않는다. 이것이 바로 「伊訓」의 '德罔小不德罔大'에 대한 설명이다. '德罔小'란 작은 선이 미미하다고 하여 실행을 아니 하지 말라는 것을 말하는 것이고 '不德罔大'는 不德이 작은 것이라 하여 쉽게 행하지 말라는 뜻이다. 한나라 소열제가 말한 선이 작다고 아니하지 말며 악이 작다고 행하지 말라는 것이 이 뜻에 합치되는 것이다. 아마도 (소열제의) 타고난 자질이 아름다워 前哲(공자)과 자기도 모르게 합치된 것인가 보다.[70]

상서 경문의 '德罔小' '不德罔大'는 채침이 주석을 하였으나 해석이 불명확한 부분이었는데 윤휴는 공자와 漢昭烈帝의 말을 인용하여 「이훈」편의 구절을 명확하게 풀이하였다. 이런 것이 앞에서 말한 선성이 드러내지 않은 것을 밝히려는 것이고 이것이 윤휴가 경전을 주석하는 이유라고 하였다.

2) 史實에 대한 고증

사실에 대한 고증은 주공이 성왕에게 정권을 돌려 준 것인가 하는 역사적 사실에 집중되었다. 이것은 윤휴만이 아니라 박세당, 이익의 경우도 그러하였다. 이 역사적 사실에 대한 고증은 군신간의 관계에 대한 것을 밝히는 것으로서 현실정치에서도 매우 민감한 것이었다. 이 문제를 고증을 통하여 풀이하고 그 의미를 해석하는 것은 윤휴, 박세당, 이익이 모두 서로 달랐는데 이것은 단순한 사실에 대한 해석이 아니라 각자의 군신관계에 대한 인식을 반영하는 것이었다.

『상서』「낙고」편 경문에 다음과 같은 구절이 있다.

---

70) 『白湖全書』 下 卷41, 『讀尚書』, 伊訓, 1651~1652쪽.

周公拜手稽首曰 朕復子明辟[71]

　그 해석은 '주공이 拜手稽首하며 말씀하기를 제가 그대 밝은 임금께 돌려줍니다'인데 이 구절에 대하여 『상서정의』는,

　　주공이 예를 다하고 공경히 내가 그대(성왕)에게 명군의 정치를 다시 돌려 드립니다라고 말한 것이다. 성왕의 나이 이십이 되어 성인이 되었다. 그래서 정치를 돌려주고 물러난 것이다.[72]

라고 주석하였다. 『상서정의』의 주석대로라면 주공이 천자의 정치를 대리하다가 성왕에게 정권을 돌려준 것으로 해석된다. 이 부분에 대하여 채침의 『서집전』에서는,

　　선유는 성왕이 어려서 주공이 성왕을 대신하여 임금이 되었다가 이에 이르러 정권을 성왕에게 돌려주었다. 그래서 '復子明辟'이라고 했다고 생각한 것이다. 잃은 것이 있은 후에야 돌려주는 것이 있을 것인데 무왕이 죽고 성왕이 즉위하여 하루도 군주의 자리에 있지 않은 적이 없는데 무슨 돌려준다는 것이 있겠는가? … 왕망이 섭정의 자리에 있어 한나라의 국권을 기울이려 했던 것은 모두 유자들이 구실을 제공한 것이니 가리지 않을 수 없다.[73]

고 하였다. 채침전에서는 '復子'를 명령을 받고서 거기에 대해보고 한다는 뜻으로 풀이하였다.

　『상서정의』에서 정권을 되돌려준다는 의미로 해석한 것이 후일 왕망이 한나라를 차지하려는 평계로 이용되었으므로 많은 유자들의 논변의 대상이 되었다. 성호도 『서경질서』에서 이 문제에 대해 언급하였는데 성호가 인용한 유성룡의 周公負成王朝諸侯의 글을 보면 군신

---

71) 『白湖全書』 下 卷41, 『讀尙書』, 洛誥.
72) 『尙書正義』 卷15, 洛誥.
73) 『書集傳』 卷8, 洛誥.

의 지위는 하늘과 땅만큼 현격한 차이가 있어 정치를 대리할 수는 있어도 임금의 지위를 문란하게 할 수는 없다. 그리고 성왕의 나이가 주공이 대리할 만큼 어리지도 않았다고 하였다. 이에 대해 윤휴는,

> 순이 요를 대신하여 섭정할 때에 상제에게 類 제사를 지내고 백신에게 예를 올리고 四岳을 순수하고 많은 제후들의 조회를 받은 것은 엄연히 천자의 일을 행한 것이다. 이윤이 태갑에 대해서 주공이 성왕에 대해서 이 도를 따르지 않은 적이 없다. 세상의 도가 떨어져서 주공이 의심과 비방을 받게 되었고 王莽이 찬탈을 하려 하여서 이 도는 다시 천하에 실행될 수 없게 되었다.[74]

여기서 윤휴는 주공이 성왕을 대신하여 천자의 정치를 행한 것 자체를 문제시하지 않았다. 다만 세상의 도가 떨어져서 주공이 의심과 비방을 받게 되었고 왕망 같은 자가 이것을 이용하여 찬탈하려 했을 뿐이라는 것이다. 그러니까 신하가 천자의 정치를 대리하는 이런 道는 요와 순, 이윤과 태갑, 주공과 성왕시대에 실행되어오던 것이었을 뿐인데 세상의 도가 떨어져서 문제가 된 것이라고 하였다. 이에 비해 유성룡의 글을 인용한 성호는 『서경질서』에서 신하가 천자의 정치를 대신하는 사실이 없다고 하였다. 즉 주공이 성왕을 대신하여 제후들의 조회를 받는 등의 천자의 정치를 하다가 성왕에게 그 정치를 돌려준 사실이 없다는 것이다. '復子明辟'에서 復은 왕명을 받은 신하가 복명하였다는 뜻일 뿐이라고 하였다.[75]

3) 지리에 대한 고증

『독상서』「우공」편에서 상세한 지리고증을 통하여 구설의 오류를

---

74) 『白湖全書』 下 卷41, 『讀尙書』, 舜典, 1643쪽.

75) 李瀷, 『書經疾書』, 洛誥.

정정하였다. 윤휴는 우선 「우공」편 처음의 '禹敷土 隨山刊木 奠高山大
川'76)을 우공의 강령이라고 하고77) 「우공」편 전체를 '敷土'와 '道山道
水'의 두 부분으로 나누어 설명을 하였다. 冀州로부터 시작해서 雍州
의 '西戎卽敍'까지는 '敷土'의 일을 서술한 것이고 '道岍'으로 시작해
서 '道洛入于河'까지는 '隨山 奠山川'일이라 하였다.78) 도산에서는 '이
르다(至)', '넘다(踰)', '들어가다(入)', '지나가다(過)'라는 표현을 쓰는데
이것은 산맥이 이르고 들어가고 넘고 지나가는 것이 아니라 사람을
기준으로 해서 말한 것이라고 하였다.79) 즉 산맥을 따라 나무를 베어
내고 길을 내어 사람의 힘이 미치는 것을 기준으로 서술한 것이 '道
山'이라는 것이다. 그래서 '道山'에서 道의 뜻은 '隨之', 즉 '따른다'의
의미로 해석하였다.80) 인력이 미친 곳을 따른 것이 우공의 '道山'부분
의 내용이라는 것이다. 또한 '道水'에 있어서 '이르다(至)', '들어가다
(入)', '되다(爲)', '구별되다(別)', '뻗어나가다(迆)', '만나다(會)', '나오다
(出)'의 표현은 모두 물을 기준으로 말한 것이라고 하였다.81) 물길을
끌어내고 바닥을 깊게 한 것은 수세의 자연스런 흐름에 따라 한 것이
다.82) 그래서 '道水'의 도는 '흐르게 하다'로 해석하였다.83) 『서경』「우
공」의 '道山' 부분은 다음과 같다.

---

76) 『書經』 卷3, 禹貢.

77) 『白湖全書』 下 卷41, 『讀尙書』, 禹貢, 1645쪽, "禹敷土, 隨山刊木, 奠高山大
    川, 此數語, 禹貢之綱領也."

78) 『白湖全書』 下 卷41, 『讀尙書』, 禹貢, 1645쪽.

79) 『白湖全書』 下 卷41, 『讀尙書』, 禹貢, 1645쪽. "道山之, 曰至曰踰曰入曰過,
    皆以人而言也."

80) 『白湖全書』 下 卷41, 『讀尙書』, 禹貢, 1645쪽. "曰道者, 隨之也".

81) 『白湖全書』 下 卷41, 『讀尙書』, 禹貢, 1645쪽. "道水之曰至曰入曰過曰爲曰
    別曰迆曰會曰出, 皆以水而言也."

82) 『白湖全書』 下 卷41, 『讀尙書』, 禹貢, 1645쪽. "道水而滌源, 因水勢之自
    然也."

83) 『白湖全書』 下 卷41, 『讀尙書』, 禹貢, 1645쪽. "曰道者, 行之也."

導岍及岐, 至于荊山, 逾于河 壺口雷首, 至于太岳. 底柱析城, 至于王屋. 大行恒山, 至于碣石, 入于海. 西傾朱圉鳥鼠, 至于太華. 熊耳外方桐柏, 至于陪尾. 導嶓冢, 至于荊山. 內方至于大別.[84]

여기에서 '至', '逾' 등의 표현은 산맥이 이르고 넘고 한 것이 아니라 산맥을 따라 인간이 길을 내어 치수한 내용을 기록한 것이라고 윤휴는 해석하였다. 지금까지 여기에 대해서는 『서집전』이나 『상서정의』에서도 분명한 해석이 없이 그냥 산맥이 이르고 넘고 했다는 식으로 이해하여 산맥의 계통을 서술한 것으로 보았다. 채침의 『서집전』이나 『상서정의』에서도 이 부분에 대한 명확한 주석이 없으며 또한 '道山'과 '道水'의 '道'를 별도로 나누어 이해하지 않은 것을 윤휴가 '道山', '道水'로 나누고 道의 의미를 새롭게 해석한 것이다.

지리에 대한 고증을 문헌을 통해 시도하는 방법은 언제나 혼란을 일으키고 고증에 한계가 있어 여러 가지 설이 착종되기 마련이다. 「우공」에 있어서 양자강의 하류가 셋으로 나누어진 것을 '三江'이라 하는데 이에 대한 고증이 분분하다. 윤휴는 이 삼강에 대한 지리고증에서 먼저 앞선 시대의 해설을 다음과 같이 소개하였다.

漢水가 北江이 되고 岷山이 中江이 되고 九江 彭蠡가 南江이 되어 합류된 물이 함께 흐르되 서로 섞이지 않으니 그 형세가 저절로 그렇게 된 것이다. 舊說이 이와 같다.[85]

삼강이 北江은 漢水, 中江은 岷山, 九江 彭蠡를 남강으로 정리한 것이 구설이라고 하였다. 이 설에 대하여 주희는 다음과 같이 비판하고 徐玄의 설을 인용하여 자신의 결론을 내었다.

---

84) 『書經』 卷3, 禹貢.
85) 『白湖全書』 下 卷41, 『讀尙書』, 禹貢, 1647쪽.

주자는 (구설을) 배척하고 서현의 설을 얻어서 양자강은 岷山에서 발원해서 楚都에 이르른 것을 南江이라 하였고 潯陽에 이르른 것을 中江이라 불렀고 南徐州에 이르른 것을 北江이라 불렀는데 여기서 바다로 들어간다고 하였다.86)

주희의 주장에 대하여 윤휴는 다음과 같이 평하고 의문점을 제기하였다.

서현은 남당 사람인데 박학강식하다. 이 설로써 고금의 어지러운 주장이 정리된 것 같지만 경문에서는 북강과 중강을 강수와 한수로 나누어서 말했을 뿐이다. 바다로 들어갈 때에는 함께 언급하였으니 그 주장이 상세하지 못하다.87)

三江에 대한 구설과 주희의 주장에 대해 문제점을 제기하고 비판한 윤휴는 최종적으로 자신이 고증한 것을 다음과 같이 제시하였다.

대개 江水가 岷峨에서 발원하여 구불구불 북쪽으로 나아가서 동쪽으로 꺾어지고 巫夔의 사이에서 맴돌아서 夷陵 郢楚의 입구에 이르게 되면 비로소 荊門과 虎牙의 험준한 곳을 벗어나는데, 그 형세가 남쪽으로 나아가기 때문에 南江이라 하였다. 彭蠡를 지나 바다로 들어갈 즈음에는 그 형세가 북쪽으로 나아가기 때문에 北江이라 하였다. 東陵에서부터 匯澤에 이르면 그 흐름의 형세는 동쪽으로 이어져 나아가는데 남북강과 兩澤의 사이에 해당된다. 그래서 中江이라 하였다. 그래서 經에서 東陵을 지나는 것을 중강이라 하고 彭蠡를 지나가는 것을 북강이라 한 것이 바로 이것이다. 이와 같이 하면 경문이 명백하여 막힘이 없게 되니 천 년간 분분했던 의심스럽고 불확실한 말들을 한 번에 쓸어 없앨 수 있을 것이다.88)

---

86) 『白湖全書』 下 卷41, 『讀尙書』, 禹貢, 1647쪽.
87) 『白湖全書』 下 卷41, 『讀尙書』, 禹貢, 1647쪽.
88) 『白湖全書』 下 卷41, 『讀尙書』, 禹貢, 1648쪽.

강수와 한수가 바다에 들어가는 지점에서 北江·中江·南江의 삼 강으로 나뉘는 문제에 대하여 주희를 비롯하여 제설이 서로 맞지 않 음을 상세히 설명하고 나서 자신의 지리고증을 통하여 천 년간의 분 분한 설이 한 번에 모두 해결되었다고 하였다.

4) 인심 도심론

윤휴는 상서의 '人心惟危 道心惟微 惟精惟一 允執厥中'[89] 장에서 인 심과 도심에 대하여 다음과 같이 논하였다.

> 人心이란 소리·빛깔·냄새·맛으로 발현된 마음이고 道心이란 仁 義忠敬에 근본한 마음이다. … 마음이란 사람의 신명함이 몸을 주제하 고 성정을 관리하는 것이다. 소리·빛깔·냄새·맛의 마음은 인욕에 치우치기 쉽다. 그래서 위태롭다는 것이다. 인의 충경의 마음은 확충하 기가 쉽지 않다. 그래서 은미하다는 것이다. 정일하게 한다는 것은 인 심의 위태로움을 억누르고 도심의 은미함을 드러내어서 大中至正한 곳 에 머무르게 하려는 것이다.[90]

윤휴의 '人心道心'에 대한 주석은 채침의 『서집전』의 다음과 같은 인심도심론과 흡사하다.

채침은 그의 『서집전』 「대우모」에서 인심도심장에 다음과 같이 주 석하였다.

> 마음은 사람의 지각이다. 안에서 주가 되어 밖에 대하여 응하는 것 이다. 형기로 발한 것을 가리켜서 말하면 인심이라고 하고 의리로 발한 것을 가리켜서 말한다면 도심이라 한다. 인심은 사사롭기 쉽고 변하기 어렵다. 그래서 위태롭다. 도심은 밝기 어렵고 혼매하게 되기 쉽다. 그

---

89) 『書集傳』卷2, 大禹謨.
90) 『白湖全書』下 卷41, 『讀尙書』, 大禹謨, 1644쪽.

래서 드러나지 않는다. 순정하게 하여 살펴서 형기의 사사로움과 섞이지 않고 전일하게 지켜서 의리의 바름을 순일하게 하면 도심이 언제나 그것의 주가 되고 인심이 명을 따르게 된다. 그러면 위태로움은 안전하게 되고 은미한 것은 잘 드러나게 되어서 動靜云爲함에 저절로 지나침과 모자라는 잘못됨이 없어서 진실로 그 중을 잡을 수 있다.[91]

채침이 인심은 형기로 발한 것이란 것에 대해 윤휴는 소리·빛깔·냄새·맛으로 발현된 것이라 하였다. 채침이 의리로 발한 것을 가리켜서 도심이라고 한 것에 대해 윤휴는 '仁義忠敬'에 근본한 마음이 도심이라고 하였다. 채침이 인심은 사사롭기 쉽고 공하기 어렵기 때문에 위태롭다고 주석한데 대해 윤휴는 소리 빛깔 냄새 맛의 마음은 인욕에 치우치기 쉽기 때문에 위태롭다고 하였다. 채침이 도심을 밝히기 어렵고 혼매하게 되기 쉽기 때문에 드러나지 않는다고 한 것에 대해 윤휴는 '인의충경'의 마음은 확충되기 어렵기 때문에 잘 드러나지 않는다고 하였다.

윤휴와 채침의 인심도심론 비교

구 분	윤 휴	채 침
心	사람의 神明함이 몸을 주재하고 性情을 관리하는 것	사람의 지각이다 안에서 주가 되어서 밖에 대하여 응하는 것
人心	소리·빛깔·냄새·맛으로 발현된 마음	形氣로 발한 것
道心	仁義忠敬에 근본한 마음	義理로 발한 것
危의 원인	소리·빛깔·냄새·맛의 마음이 인욕에 치우치기 쉽기 때문에 위태롭다	인심은 사사롭고 公하기 어렵기 때문에 위태롭다
微의 원인	인의충경의 마음은 확충하기 어렵기 때문에 은미하다	도심은 밝히기 어렵고 혼미하게 되기 쉽기 때문에 은미하다

---

91) 『書集傳』 卷2, 大禹謨.

윤휴는 어구의 해석이나 사실고증에서는 채침과 상당히 다르게 함으로써 상서 경문의 해석을 달리한 것이 적지 않다. 그러나 인심도심장에 주석을 한 부분에서는 채침의 해석과 유사한 점이 많다.

이어서 윤휴는 '惟精惟一 允執厥中'[92]을 주석함에 『대학』의 경문과 대비시켜 풀이하였다.

> 그런즉 精이란 格致를 말하는 것이고 一이란 誠正을 말하는 것이다. 執이란 止이고 中은 至善이다. 이것을 통하여 수신·제가·치국·평천하하여 사해를 보전하고 天祿을 지킬 수 있으니 이것이 증자가 전한 대학의 도이다.[93]

'惟精惟一'의 精이란 대학의 格物致知의 格致와 같은 뜻이며 一이란 대학의 誠意·正心의 誠正을 말하는 것이다. '允執厥中'의 執이란 대학의 '止於至善'의 止와 같은 것이며 '中'은 至善의 의미와 같다는 것이다.

5) 書序의 신빙성 문제

서서에 대해서 윤휴는 채침의 『서집전』처럼 그 신빙성에 대해 의문을 제기해 제외하거나 하지 않았다. 사실이나 년대를 고증하는데 서서를 고증의 근거로 사용하는 것을 보면 자료적인 가치를 인정한 것으로 보인다. 태갑이 성탕을 이어서 즉위했는가 하는 문제에서 '成湯旣沒 太甲元年'[94]이란 「이훈」편의 서서를 인용하여 이것이 태갑이 성탕을 이어서 즉위한 것을 보여주는 기록으로 인용하였다.[95] 또 「고종

---

92) 『尙書』 卷2, 大禹謨.
93) 『白湖全書』 下 卷41, 『讀尙書』, 大禹謨, 1644쪽.
94) 『書經』 卷4, 伊訓.
95) 『白湖全書』 下 卷41, 『讀尙書』, 伊訓, 1651쪽. "古序言成湯旣沒, 太甲元年,

융일」편 서서의 '高宗祭成湯'[96]에 대해서는 억설이라고 하고 이것은 祖庚이 고종에게 제사지내는 것을 나중에 기록한 것이라고[97] 하여 서서의 신빙성을 부인하기도 하였다. 윤휴는 서서에 대해서 고증의 자료로서 사용하고 그 신빙성은 각각의 내용에 대해 검토를 통하여 정리하였다. 그래서 채침의 『서집전』에서처럼 모든 서서의 신빙성을 부인하여 제외하지는 않았다.

윤휴는 방법적인 면에서는 주희의 경전 주석 방식을 수용하지만 구체적인 고증에서는 주희에 대해서도 비판적이었으며, 특히 채침의 『서집전』에 대해서는 자신의 『독상서』가 저술된 이유가 『서집전』의 미비함 때문이라고 비판하였다. 이러한 윤휴의 비판적 입장에는 남송·원초기의 학자인 김인산과 명초의 저술인 『상서회선』으로부터의 영향이 있었음이 그의 저술에서 확인되었다. 『독상서』에서 윤휴는 구체적인 고증에서는 주희나 채침과 다른 입장을 취하였으나 인심도심장과 같은 절에서는 채침의 성리학적인 상서주석과 매우 흡사하였다. 윤휴는 방법적인 면에서는 주희를 따랐지만 구체적인 내용에서는 비판적이었다. 모든 설을 상대적인 위치에 두고 절충·토론을 통하여 올바른 해석을 시도한 그의 경전 해석 방식은, 주희의 설을 한 자도 고칠 수 없다고 하는 당시의 경전해석 방식과는 다른 새로운 것이었다. 이러한 윤휴의 경학사상은 주자학 절대주의의 경학사상에서 벗어나는 출발점에 있었다.

亦見太甲繼成湯而立也."
96) 『書經』 卷5, 高宗肜日 序.
97) 『白湖全書』 下 卷41, 『讀尙書』, 高宗肜日, 1653쪽.

제4장

박세당의 『서집전대전』 이해와
성리학적 해석의 비판

1. 경전해석의 기본 시각

박세당의 경학일반에 대한 기본적인 시각은 그의 저술 여러 곳에서
산견되는데 특히 『사변록』서에 집중적으로 서술되어 있다. 박세당은
경전은 堯舜과 같은 성현의 말을 기록한 것으로 그 뜻이 깊고 원대하
고 정밀하며 모든 이치를 구비한 것이라서 도량이 얕고 지식이 고루
한 俗儒들이 밝힐 수 있는 것이 아니라고 하였다. 그런데도 진한 이래
로 수·당에 이르기까지 그 경전을 주석함에 나누고 끊어서 오히려
경전의 대체를 훼손시킨 자들이 셀 수 없을 정도라고 비판하였다. 또
이단에 빠진 자들은 자신들의 주장과 비슷한 경전의 구절을 들어서
자신들의 약점을 변호하려 하는데, 이것이 성현들이 경전을 만들어서
후인들에게 바라는 바이겠는가라고 반문하였다.[1] 박세당은 이런 경전

주석의 문제를 해결한 것이 정자와 주희의 경전 주석이라고 하여 다음과 같이 평가하였다.

> 宋나라에 이르러서 정자와 주자 두 선생이 나와서 해와 달같은 거울을 닦고 우레와 벼락같은 북을 두드리니 소리는 멀리까지 미치고 그 빛이 널리 비치니 육경의 뜻이 이로써 찬연히 세상에 다시 빛났다. 그래서 지난날 우활하고 치우친 주석가들은 사람의 생각이나 뜻을 고착시켜 막히게 할 수 없게 되었고 (이단에 빠져) 그 비슷하게 하는 자들도 명분과 호칭을 가탁할 수 없게 되었다. 또 변명을 해서 선동하는 것이 사라지고 합리적이고 표준이 되는 것들이 존재하게 되었다. 이렇게 된 까닭을 찾아보면 또한 끝을 잡아서 근본을 찾고 흐름을 따라서 근원으로 거슬러 올라가서 얻게 된 것이니 이에 子思가 말한 뜻에 진실로 깊이 합치되고 묘하게 들어맞게 되었다.[2]

한대에서부터 당에 이르기까지 많은 주석가들이 지루하게 경전을 나누고 찢어서 지나치게 천착함으로써 그 본뜻을 잃어 버렸으나 정자와 주희가 주석을 붙임으로써 자사의 본뜻을 회복하게 되었다 하였다.

주희의 경전주석을 위와 같이 경전주석의 문제점을 해결한 것으로 평가하면서도 박세당이 다시 자신이 경전에 대해 주석을 하는 것은 선유들이 백성들을 도와주려는 뜻에 보탬이 되려는 것이지 다른 주장을 하는 것을 좋아해서 하는 것이 아니라고 하였다. 그리고서 경전에 대하여 후인들이 주석을 붙여야 될 필요성에 대하여 다음과 같이 명시하였다.

> 경전의 말은 그 본줄기는 하나이지만 실마리는 천만 가지이다. 이것이 이른바 일치되는 것이지만 생각하는 것은 백 가지이고 같은 곳으로 귀결되지만 길은 다르다라는 것이다. 그래서 뛰어난 지식과 깊은 조예

---

1) 『西溪全書』 下, 『思辨錄』, 思辨錄序, 2쪽.
2) 『西溪全書』 下, 『思辨錄』, 思辨錄序, 2쪽.

를 가졌다 하더라고 그 취지를 끝까지 다하여 미세한 것까지 빠뜨리지
않을 수는 없다. 반드시 여러 가지 장점을 널리 모으고 작은 것이라도
훌륭한 것이면 버리지 않아야만 하찮은 것도 빠뜨리지 않고 얕고 가까
운 것도 흘리지 않게 되어서 심원하고 정밀하고 완비된 것도 온전하게
할 수 있다. 이에 참람함도 생각지 못하고 좁은 소견으로 깨달은 바를
서술하여 이를 모아 편을 이루었는데 『사변록』이라 하였다.[3]

경전의 본줄기는 비록 정·주의 주석에 의해서 밝혀졌다고 하더라
도 그 세부적인 것은 천 갈래 만 갈래로 그 미세한 것까지는 주희와
같은 뛰어난 지식을 가진 자도 다 할 수 없는 것이다. 경전의 세밀한
부분에 대해서는 여러 가지 설을 모으고 작은 것이라도 잘된 것은 취
해야만 그 본줄기의 의미도 분명하게 된다는 것이다. 천 갈래 만 갈래
의 미세한 것도 빠뜨리지 않고 작은 장점도 버리지 않고 얕고 가까운
취한 것이 박세당의 저술한 『사변록』이었다. 이러한 취지에서 박세당
은 『사변록』에서 역사·지리·제도 등 작고 가까운 것을 고증하는데
치중하였다고 하겠다. 경전의 의미는 깊고 넓어서 고루하고 천박한
유자들이 해석할 수 없는데 주희에 의하여 그 의미가 밝혀졌지만 후
인들에 의해서 세밀한 부분까지 주석이 되어야만 그 경전의 본 뜻이
드러날 수 있다는 것이 박세당의 경전 해석의 기본 시각인데 이것은
윤휴와 이익의 경전 해석의 시각과도 유사한 점이 있다.

박세당은 경전은 후대인들에 의해서 의문이 제기되고 그것으로 해
서 새로운 주석이 필요하다는 점을 강조함과 더불어 경전해석의 방법
을 다음과 같이 제시하고 당시의 경전해석의 폐단을 지적하였다.

멀리 가는 것은 반드시 가까운 곳으로부터 해야 한다고 전해오는데
이것은 무슨 말인가?
어리석고 막힌 자들을 깨우쳐서 스스로 깨닫게 하려는 것이 아니겠
는가? 진실로 세상의 배우는 자들이 이 점을 깨닫는다면 지난날 멀다

---

3) 『西溪全書』 下, 『思辨錄』, 思辨錄序, 2쪽.

고 말한 것이 가까운 것으로부터 이르러야 한다는 것을 알게 될 것이다. 그런즉 (경전의) 깊은 곳은 얕은 것으로부터 들어갈 수 있고 구비된 것은 성근 것으로부터 미루어 나갈 수 있고, 정밀한 것은 거친 것으로부터 이를 수 있다. 세상에는 진실로 거친 것을 잘하지 못하면서도 정밀한 것을 먼저 할 수 있는 경우는 없다. 소략한 것에 능하지 못하면서도 완비된 것을 업으로 삼는 경우는 없다. 얕은 것에 능하지 못하면서도 깊은 것을 먼저 하는 경우는 없다. 가까운 것에 능하지 못하면서도 먼 것에 머물 수 있는 것은 없다. 오늘날 육경을 연구하는 자들이 모두 얕고 가까운 것은 뛰어넘고 심원한 것으로만 내달리어 거칠고 소략해서 정밀하고 완비된다는 원칙을 소홀히 한다. 그 현혹되고 혼란스럽고 빠져 넘어서서 깨닫는 바가 없는 것도 이상할 것이 없다. 저들은 그 심원하고 정비된 것을 깨닫지 못할 뿐만 아니라 얕고 가깝고 거칠고 소략한 것마저도 다 잃어버린다. 슬프도다. 그 현혹됨이 심하도다![4]

배우는 자들에게 경전의 의미를 깨우쳐 주기 위해서 먼저 간단하고 쉽고 가까운 것에서부터 시작해서 깊고 복잡하고 고원한 데까지 이르도록 해야 한다. 그러기 위해서 경전을 해석하는데 있어서도 쉽고 가깝고 간단한 것부터 시작해야 한다는 것이다. 그러나 오늘날의 경전을 주해하는 사람들은 복잡하고 완전한 것, 고원한 것만을 추구함으로서 결과적으로는 쉽고 간단한 것조차도 잃어버리게 된다고 비판하였다. 박세당이 살던 17세기의 경전 주석의 경향이 고원하고 복잡한 성리학적인 것에만 몰두해 육경의 본지와는 달리 쉽고 긴요한 일상적인 것을 덮어두고 긴요하지도 않은 구원한 것에 얽매이고 있는 것을 비판한 것이다.[5] 박세당은 상서해석에서 '義理' '萬殊一本' 등을 도입하여 성리학적인 의미를 추구하는 것을 견강부회하는 것이며 천착함이 심하다고 하여 배척하였다. 여기서 그의 경전 주석이 가깝고 소박한 것에서부터 시작해야 한다는 주장은 어구의 해석, 역사적 사실의 고증, 제도의 고증에 치중하겠다는 것을 천명한 것이라 하겠다.

---

4) 『西溪全書』下, 『思辨錄』, 思辨錄序, 2쪽.
5) 尹絲淳, 1972, 「朴世堂의 實學思想에 관한 研究」『아세아연구』46호.

박세당은 상서해석에 대한 자신의 생각을『사변록』중 시경과 서경을 비교하는 가운데 다음과 같이 짧게 서술하였다.

> 누가 서경을 해석하는 것이 시경보다 어렵다고 하는가? 서경이 비록 간단하면서도 심오하기는 하지만 그러나 자세히 찾아보고 의미를 추적해보면 풀이하는 것 또한 어렵지 않다. 시는 본래 그 저술의 의도가 드러나지 않아서 뒷사람들이 그 말을 추론하여서 그 뜻을 파악하게 되는 경우도 있고 그 말이 덮여져 있어 끝내 그 저술의 의도를 파악하지 못하는 경우도 있다. 이것이 해석하기가 더욱 어려운 까닭이다.[6]

일반적으로 서경은 난해한 것으로 일컬어져 왔다. 韓愈는 '殷盤周誥'라고 하여 상서의 어려운 부분들이 은나라의 기록인「반경」과 주나라의 기록 중에서「소고」,「낙고」,「강고」,「주고」 등의 고체들이 난해하다고 하였다. 이에 대하여 박세당은 상서는 시경보다는 난해하지 않다고 주장하였다. 상서가 어렵다고 하는 것은 그 문장이 간단하면서도 그 뜻은 심오하기 때문인데 이것은 자세하게 찾아보고(尋) 그 찾은 것이 어떤 의미를 가지는 것인지를 추적해보면(繹) 상서는 이해될 수 있다는 것이다. 이러한 박세당의 상서해석에 대한 인식은 그의『상서 사변록』에서는 상세한 고증으로 나타났고 고증한 것들이 어떠한 의미를 갖는 것인지를 파악함으로서 상서를 해석함에 막힌 곳을 통하게 하고자 하였다. 상서해석의 어려움을 극복하는 것은 상세하게 고증하게 하고 그 의미를 추적하는 자신의 학문태도에 대해서,

> 나는 책을 많이 읽는 것이 아니라 깊이 생각하고 연구함으로써 고인의 마음을 꿰뚫어 보려고 하는 것이다. 그래서 적은 것을 가지고 많은

---

6)『西溪全書』下, 302쪽, "孰謂解書難於詩. 書雖簡奧, 然仔細尋繹, 則解亦不難. 詩則本不著其所爲而作, 後人有推其詞而得題者, 又有覆其詞, 而終莫得其所爲而作者, 所以解之爲尤難."

것에 대처할 수 있게 되었으니, 다른 이유 때문이 아니라, 남들은 정밀하게 하지 못하였지만 나는 정밀하게 할 수 있었기 때문이다.[7]

라고 하였다. 모든 문제를 일일이 다 연구하는 것이 아니라 정밀하게 고증된 것을 깊이 사색하고 연구함으로써 내재된 원리를 찾아 일반화함으로써 구체적인 문제들을 해결할 수 있었다는 것이다. 박세당이 정밀하게 할 수 있었다고 말하는 것은 곧 그의 상세한 고증을 말하는 것으로 보인다.

박세당은 자신의 경주석서를 『사변록』이라 이름을 붙였는데 또 일명 『통설』이라고도 하였다. 이에 대해 주희의 주석을 절대시하는 사람들로부터 이러한 박세당의 경전해석의 방법과 기본 입장에 대해서 다음과 같은 비판이 제기되었다.

> 혹은 그 선후의 차례를 뒤집기도 하고 혹은 그 명칭과 의미 범주들을 바꾸고 어지럽게 하여 일설을 지어내어 『통설』이라고 이름 하였다. 그 (통설이라 한) 의미는 주자의 설에 통하지 않는 것이 있으니 반드시 내 뜻과 같이해야만 통할 수 있다라는 것이다.[8]

선후의 차례를 뒤집었다는 것은 박세당의 경전 해석에서 장절의 차례를 고증을 통하여 조정한 것을 말함이고 그 명칭과 의미와 범주를 어지럽게 바꾸었다는 것은 지리·제도·정삭·어구의 고증에 대한 것을 지적한 것이다. 그가 『사변록』을 『통설』이라 한 것에 대해서 주희의 주석으로도 해석되지 못한 부분이 있으면 박세당의 주석으로 해야만 통할 수 있다는 의미로 해석하여 비판의 근거로 삼았다. 이러한

---

7) 『西溪全書』上, 西溪先生神道碑銘, 462쪽, "吾讀書不多, 而惟能深思默究, 洞見古人之心. 故能以少適多, 無他, 人不能精, 而我能精故爾."

8) 『肅宗實錄』卷38, 肅宗 29년 4월 壬申, "或顚倒其先後次第, 或變亂其名義倫類, 作爲一說, 名以通說. 其意謂, 朱子之說, 有所不通, 必如吾之意而後可通."

비판적인 입장에 대하여 박세당의 제자들은 다음과 같이 변호하였다.

> 70제자들이 공자에게 복종하였는데 자로는 공자가 우활하다고 말하였다. 고인들은 마음에 맞지 않는 것이 있으면 거리낌 없이 뜻을 다하여 변론하였으니 후세 사람들이 그 의미가 어떠한 것인지 묻지도 않고 말끝만을 살펴 놀랍고 괴이한 일이라고 하는 것과는 다르다.9)

공자의 시대에도 자로와 같이 서로 생각이 다르면 거리낌 없이 자신의 주장을 변증하는 것이 문제가 될 것이 없었다는 것이다. 경전의 의리는 한정이 없어서 의문을 가질 수 있으며 이러한 의문을 제기하고 그 깨달은 바가 있으면 그것을 기록해 두는 것은 옛사람들도 행해온 바이라고 박세당의 문인들은 그를 옹호하는 변론을 하였다. 윤증은 「祭西溪文」에서,

> 이른바 『사변록』은 침잠을 오랫동안하고 차록하여 책을 이룬 것으로 비록 간간이 선현들의 본지와 다른 점이 있으나 공의 뜻을 생각하면 어찌 다른 것을 세우려고 한 것이겠는가? 요컨대 질의는 晦齋·浦渚 등 선정들도 해온 것이다.10)

라고 하여 박세당이 기존의 경전주해에 대하여 의문을 표하고 새로운 주석을 내는 것은 앞선 시대의 학자들도 해온 것임을 주장하여 박세당을 변호하였다. 박세당을 비판 또는 옹호하는 주장들을 통해서 박세당의 경전 주석의 입장을 간취해 볼 수 있다. 기존의 경전 주석 특히 주희의 주석에 대하여 의문을 제기하고 이 의문을 통해서 경전의 선후의 차례를 바꾸기도 하고 명의를 고증하기도 하여 새로운 일설을 만든 것이 박세당의 사변록이라는 저술이었다. 새로운 주석을 시도하는 것은 공자의 시대에도 있었던 일이며 조선조에도 있었던 일이므로

---

9) 『西溪全書』上, 西溪先生神道碑銘, 462쪽.
10) 尹拯, 『明齋遺稿』卷34, 祭西溪文.

문제될 것이 없다는 것이 박세당을 옹호하는 자들이 파악한 박세당의
경전주석의 기본시각이다.11)

2. 『상서사변록』의 체제

　박세당은 숙종 6년에 『대학사변록』을 시작해서 19년까지 『중용』,
『논어』, 『맹자』, 『상서』, 『시경』의 사변록을 저술하였다. 이중 『상서
사변록』을 저술한 것은 숙종 17년이었다. 권근의 『서천견록』 이후로
박세당의 『상서사변록』은 그 양이 가장 방대하고 『상서』 58편 전편에
걸쳐서 경문의 장절에 주석을 붙였다. 『상서사변록』은 58편 전편에
걸쳐 주석을 달았지만 각 편내에서 부분적으로 몇 개의 절이 결락된
것이 있다. 예컨대 「순전」에서는 전체 28장 중에서 18장을, 「고요모」
에서는 8장 중 2장을, 「익직」은 9장 중 3장을, 「금등」은 20장 중 6장
을, 「주관」은 22장중 6장을 주석에서 제외하였다. 채침의 주에 별로
이의가 없는 대목이나 박세당이 별도의 주석을 필요로 하지 않는 경
문에 대해서는 주석을 생략한 것으로 보인다.12)

　장절의 배치에 있어서도 채침의 『서집전』과는 부분적으로 다르게
하고 착간이 있음을 그 이유로 제시하였다.

---

11) 南九萬은 "이른바 사변록이란 것은 상자속에 넣어둔 초본에 불과한 것이
　니 죄를 얻은 근원은 본래 이것이 아니었다. 그중에 설혹 문자의 잘잘못
　이 있다하더라도 말할 것이 못되는 것이다. … 죄를 주려하는 것은 백헌
　비문에 있는데 사변록을 핑계삼은 것이다"라고 하여 박세당이 노론으로
　공격을 당한 것은 사변록의 내용이 아니라 백헌 이경석의 비문을 지으면
　서 송시열을 공격한 것이 주원인이었다고 하였다(『藥泉集』 卷29, 雜著, 論
　百軒晦谷西溪).

12) 박세당 · 윤휴 · 이익 등이 모두 상서주석서에서 특정 편을 제외하기도 하
　고 또 어떤 장절에 대해서는 주석을 붙이지 않은 것이 있는데 모두 별도
　로 주석을 할 필요가 없었기 때문이다.

『상서』「홍범」의 순서[13]

가)

1. 凡厥庶民 極之敷言 是訓是行 以近天子之光 曰天子 作民父母 以爲
天下王矣
2. 六三德 一曰正直 二曰剛克 三曰柔克 平康 正直 剛不友 剛克 變友
柔克 沈潛 剛克 高明 柔克
3. 惟辟作福 惟辟作威 惟辟玉食 臣無有作福作威玉食
4. 臣之有作福作威玉食 其害于而家 凶于而國 人用側頗僻 民用僭慝

『상서사변록』의 순서[14]

나)

1. 凡厥庶民 極之敷言 是訓是行 以近天子之光 曰天子 作民父母 以爲
天下王矣
2. 惟辟作福 惟辟作威 惟辟玉食 臣無有作福作威玉食
3. 臣之有作福作威玉食 其害于而家 凶于而國 人用側頗僻 民用僭慝
4. 六三德 一曰正直 二曰剛克 三曰柔克 平康 正直 剛不友 剛克 變友
柔克 沈潛 剛克 高明 柔克

박세당은『상서사변록』「홍범」에서 장차의 순서를 위와 같이 바꾸
었다. 즉『상서』「홍범」에서 가) 3장과 4장을 사변록에서는 '六三德'
앞으로 가져와 나)의 2장과 3장으로 옮겨 놓았다. 장절의 순서를 바꾼
이유를 다음과 같이 밝혔다.

　이 章을 아래 章에 연결시킨 것은 옛날에 차례지우는 것을 잘못했기
때문이다. 잘못된 곳과 탈락된 곳이 있어 三德章 아래 있었다. 선유들
은 (이것을) 살피지 못하고 삼덕의 나머지 의미로 생각했다. 그러나 지
금 그 말을 자세히 살펴보면 뜻에 들어 있는 의미와 맥락이 귀결되는
것이 여기에 이어져야 하는 것이 확실하다. 삼덕의 의미와 같은 것은
전혀 상관이 없다. 그래서 바로 잡는다.[15]

---

13)『尙書』卷6, 洪範.
14)『西溪全書』下,『尙書思辨錄』, 洪範, 208쪽.
15)『西溪全書』下,『尙書思辨錄』, 洪範, 208쪽. "此章連下章, 舊失次. 誤脫在三

　제유들이 이 두 장이 착간임을 깨닫지 못하였다. 그래서 문자를 따라 해석을 만들어냈다.16)

　가)의 3장과 4장이 오탈이 있어서 2번장 뒤에 연결되어야 한다고 하였다. 죽간을 편차함에 오탈이 있어서 '삼덕'장 아래에 오게 된 것이며, 내용이나 문맥으로 보아서 삼덕과는 아무런 상관이 없으며 오히려 1번장에 연결되어야 그 의미가 통한다는 것이다. 후대의 유자들은 이러한 착간으로 순서가 뒤바뀐 줄도 모르고 그저 상서경문의 글자를 따라서 해석을 만들어 낸 것이라고 비판하였다.17) 그리고서는 박세당의 자신의 독자적인 주석에 따라서 상서 경문의 순서를 이와 같이 변경시킨 것이다.

　편내의 章次에 관한 것뿐만 아니라 상서 전체의 편차에 대해서도 다음과 같이 조정해야 된다고 했다.

　채침의 전에서 서서 운운한 것은 「강고」편의 앞머리 48자가 「낙고」의 탈간임을 모르고서 마침내 오류로 (「강고」를) 성왕의 서로 본 것이다. 「강고」, 「주고」, 「자재」편의 차례는 「금등」의 앞에 있어야 한다.18)

　「강고」 앞의 48자가 「낙고」의 탈간임을 주장하고 상서의 편차에서 「강고」, 「주고」, 「자재」의 차례가 「금등」편의 앞에 와야 한다고 했다.

　德章下. 先儒未及察, 遂以爲三德之餘義. 然今竊詳其語, 意旨所存, 脈絡所貴, 當屬於此, 無疑. 若三德之義, 則全不相涉. 故謹輒正之."

16)『西溪全書』下,『尙書思辨錄』, 洪範, 208쪽. "諸儒不悟此兩章爲錯簡, 故輒緣文生解."

17) 이 부분에서 박세당은 '生解'라는 표현을 씀으로서 억지로 해석을 만들어 냈다고 주석가들을 비판했다.

18)『西溪全書』下,『尙書思辨錄』, 康誥, 219쪽.

　『상서사변록』의 앞부분 「요전」, 「순전」에서는 주로 박세당 자신의 독자적인 주석만으로 구성되거나 일부 채침주에 대해 비판하였으며 그 이외의 주석에 대한 언급이 없어 인용범위가 채침의 『서집전』에만 국한되어 있다. 「고요모」, 「익직」에서는 박세당의 주석과 더불어 채침에 대해 비판한 내용이 늘어난다. 뿐만 아니라 대전본 세주의 주석을 인용하여 채침의 주석을 대체하는 방식을 취하기 시작한다. 대전본의 세주를 중시하는 경향은 「금등」에 이르면 더욱 뚜렷해진다. 채침주에 대한 비판조차도 줄어들고, 3개의 장에 걸쳐서 채침주를 제외하고 대전본의 주석만으로 경문에 대한 해석을 시도하였다. 채침이나 주희의 주석을 제외하고 대전본의 세주와 자신의 주석만으로 해석체계를 구성한다는 것은 박세당의 상서주석체계의 특징이라 할 것이다. 「주관」에서는 다시 채침을 앞으로 내세우고 비판보다는 수용하는 태도를 취한다. 그 인용 빈도에서도 앞의 편에서와는 비교가 안될 만큼 빈번하다. 채침의 주를 수용하여 중심에 두고 대전본의 주석을 뒤에다 붙였다. 박세당 자신의 독자적인 주석 또한 대폭 줄어들고, 다만 채침설과 대전본의 제설을 인용한 후에 자신이 검토와 평가를 가하는 방식을 취하였다.

　전체적으로 『상서사변록』의 주석체제는 먼저 박세당 자신의 독자적인 주석을 중심에 두고 우선하였으며, 채침의 주석은 각 편에 따라 수용 비판하였다. 채침의 설에 대해서 비판적인 부분에서는 그 대안으로 대전본의 세주를 중심부분으로 수용하였다. 경우에 따라서는 채침의 주를 완전히 배제하고 자신의 독자적인 주석과 대전본의 주석으로 구성하기도 하였다. 그러나 기존 주석서의 인용이 대전본의 체제 밖으로는 한 번도 벗어나지 않았으며 주희와 채침 그리고 대전본의 세주를 박세당 자신의 판단에 따라 취사선택하고 그 어느 것도 절대시하거나 추종하지 않았다. 여기에서도 박세당이 경학 주석에서 특정한 주석을 절대시하지 않는 반권위주의적인 입장을 취하고 있음을 볼 수 있다.

박세당의 『상서사변록』에 인용된 서적은 별로 많지 않다. 『사기』, 『초사』, 『죽서기년』, 『맹자』, 『논어』, 『예기』, 『노자』 등이 인용되었는데 그 중 일부는 박세당의 직접인용이 아니라 대전본에 인용된 것을 재인용한 것이다. 『논어』, 『맹자』, 『예기』, 『노자』 등은 박세당이 독자적으로 인용한 것인데 그 중 『노자』를 인용한 점이 특이하다. 박세당의 인용 서적이 별로 많지 않았던 것은 그가 대전본에 전적으로 의존한 때문이라 생각된다.

서서는 상서의 각 편이 찬술되게 된 의도와 배경을 설명하는 것으로서 한대에 魯共王이 공자의 구택을 헐다가 발견된 벽간서로서 고문이었다. 전체 백편의 서서를 공안국이 각 해당편의 앞으로 분산해 놓았다. 당대의 『상서정의』에서는 서서를 각 편의 앞에 두었으나 채침은 서서를 신빙성이 없다고 해서 제외시켰다. 박세당이 『상서사변록』에서 서서에 대해서 직접적으로 자신의 입장을 밝힌 것은 없지만 다음과 같이 그 신빙성에 의문을 제기한 『서집전』의 입장을 따랐다.

> 서서에서 말한 成周가 완성되고 나서 殷의 頑民을 옮겼다는 오류를 판별하였는데 채씨 또한 그 설을 따랐다. 저 吳와 蔡가 서서의 잘못된 점을 공격한 것은 옳지만, 먼저 은의 완민을 낙읍으로 옮기고 나서 성주를 지어서 살게 했다고 생각한다면 그 잘못됨은 서서와 오십보 사이도 되지 않는다.[19]

> 채침의 전이 또 구양씨가 말한 십 일년이란 것이 서서의 오류에 현혹된 것이라 생각했으니 그 잘못됨이 심하다. 구양씨가 말한 십 일년을 주장해서 문왕의 개원을 무왕이 덮어써서 년수를 기록했다는 망령된 설을 배척하였으니 서서에 현혹된 것이 무엇이 있는가?[20]

> 채침의 전은 이 편이 지어진 것이 무왕 때이지 성왕 때가 아니라는 것을 밝혀냈는데 그 주장은 확실하다. 채씨는 주자에게서 근거를 두었

---

19) 『西溪全書』 下, 『尙書思辨錄』, 多士, 241쪽.
20) 『西溪全書』 下, 『尙書思辨錄』, 泰誓, 194쪽.

고, 주자는 호씨와 오씨에게서 근거를 두었다. 서서의 오류가 이에 이르러서 비로소 바로 잡혔다.[21]

위 인용문에서 보듯이 서서에 대해서는 신빙성이 없고 오류가 많은 것으로 규정하고 부정적인 입장을 취했던 것으로 보인다. 따라서 서서를 『상서사변록』에서는 수록하지 않았다.

3. 채침에 대한 비판과 『서집전대전』의 수용

1) 채침에 대한 입장

조선시대에 채침의 『서집전』은 서경에 대한 주요한 주석서로 절대시 되었고 공영달의 『상서정의』 등 채침의 설과 다른 주석서는 보급되지 못하였다. 대전본 역시 채침의 주석을 앞세우고 거기에 대해 보충하는 주석들을 가려 뽑아 부기한 것이다. 우리나라에서도 권근의 『서천견록』에서부터 퇴계의 『서석의』에 이르기까지는 채침의 『서집전』을 받아들여서 확정·보급시키는 데에 주력한 저술들이다.

박세당은 『상서사변록』에서 전편에 걸쳐 채침설을 언급하고 있으나 대부분 비판적인 입장을 취한 것들이다. 비판의 내용은 어구 해석에 대한 것과 사실, 고증(지리·율력·예악·제도 등)에 관한 것이며, 誠敬·人心·道心·天命·天理 등에 관한 채침의 주석에 대해서는 언급조차 하지 않았다. 채침의 주석에 대한 비판은 '본지를 잃었다', '무슨 말인지 알 수가 없다', '끌어다 붙여서 억지로 해석한 것이다', '다만 字書에 의거해서 끌어 붙여서 억지로 해설한다', '경의를 천착한 것이 교묘하고 견강부회한 것이 이와 같다' 등 강하게 비판하고 도저

히 받아들일 수 없는 것이라 하였다. 「순전」의 오행에 관한 절에서는
'蔡傳於此章 多失其旨'라고 한 아래에 무려 다섯 차례에 걸쳐서 '一失
也' '又一失也'라고 일일이 비판을 가하였다.22)

채침이 주희의 명으로 상서에 주석을 하였지만 박세당은 주희와 채
침이 서로 다른 점도 여러 차례 지적하였다. 『상서』 「이훈」편 '惟元祀
十有二月 乙丑'23)의 구절에 대해서 채침은,

> 元祀라는 것은 太甲이 즉위한 元年이다. 十二月이라는 것은 商나라
> 는 丑月로 正朔을 삼았기 때문에 십이월이 정삭이 된다. 乙丑은 날짜이
> 다. 朔을 붙이지 않은 것은 초하루가 아니기 때문이다. 三代가 비록 정
> 삭을 달리하였지만 모두 寅月로 月數 헤아리는 것을 시작하였다. 朝覲
> 이나 會同 頒曆 授時는 정삭에 행사하였지만 월의 수를 기준 잡는데 있
> 어서는 모두 寅月을 歲首로 하였다.24)

고 하였다. 삼대가 비록 정삭을 달리 하였지만 월수를 표시하는 것은
하나라의 인월을 정월로 기준하여 계산했다는 것이다. 따라서 상의
역사인 商書라 하더라도 십이월이라고 한 것은 하나라의 력에 기준하
여 십이월이라는 것이다. 朝覲 會同 등의 정치적 행사는 세수인 축월
에 하더라도 월수를 계산하는 것은 삼대가 공통적으로 寅月을 정월로
삼았다는 것이다. 박세당은 채침의 이러한 주장에 대하여 다음과 같
이 반박하였다.

> 『맹자』에서 칠 팔월에 가물면 싹이 마른다. 歲 십 일월에 徒江이 이
> 루어지고 십 이월에 輿梁이 완성된다고 하였다. 주자는 이에 대해서 주
> 나라 칠·팔월은 하나라 오월·유월, 주나라 십 일월·십 이월은 하나
> 라 구월·십월이라 하였다. 채씨는 師說에 대해서 평소에 연구하지 않

---

22) 『西溪全書』下, 『尙書思辨錄』, 大禹謨, 161쪽.
23) 『書經』卷4, 伊訓.
24) 蔡沈, 『書集傳』卷4, 伊訓.

은 것은 아니나 자신의 설을 세우기 위하여 스승의 설을 말하는 것을 피하였다. 다만 「豳風」으로 증거를 삼았는데 또 어찌 「빈풍」이 증거로 삼기에는 부족함을 몰랐던가? 남들이 모두 아는 사실을 피하여 자신의 단점을 가리고 증거로 삼을 수 없는 것을 고집스레 지켜서 남들이 자신의 주장을 빼앗지 못하게 하였으니 그 또한 현명하지 못한 것이다.[25]

　주희는 『맹자집주』에서 주의 칠팔월은 하의 오유월이고 주의 시월·십일월은 하의 구월·시월이라고 하였다.[26] 이것은 정삭이 바뀌면 월을 세는 기준도 바뀌어진다는 것이다. 즉 주나라의 칠팔월은 주의 歲首인 子月을 정월로 하여 헤아린 것이고, 寅月을 정월로 삼는 하의 기준으로 보면 오유월이 된다는 것이 주희의 설이다. 이것은 『상서정의』 주석에서도 주희와 같은 의견인데 채침은 『서집전』에서는 주희의 주장을 버리고 자신의 의견에 따라 달리 주석을 하였다. 이에 대하여 박세당은 채침이 자신의 설을 주장하기 위해서 스승의 설을 언급하지 않았으며 남들이 다 아는 것을 모른척하고 자신의 주장만을 억지스레 고집한 현명하지 못한 것이라고 혹평하였다.
　또한 정삭과 지리에 관하여 고증하는 데에서도 박세당은 '채씨는 師說에 대해서 그 뜻을 이해하지 못하였다'[27]라고도 하였다.
　주희의 설을 따르지 않은 점을 혹평한 것과는 달리 『상서』 「이훈」편의 '造攻自鳴條 朕哉自亳'의 구절에 대한 주석에서,

　　채침의 전이 造攻의 뜻을 해석하는데 주자의 설을 따르지 않은 것은 옳은 것이다. 단지 '朕哉自亳'의 뜻을 풀이하는 것은 또 잘못하였다. 윗부분에서는 채침의 주석을 따르고 아래에서는 주자를 따른다면 모두 훌륭하게 될 것이다.[28]

---

25) 『西溪全書』 下, 『尙書思辨錄』, 伊訓, 174쪽.
26) 朱熹, 『孟子集註』, 梁惠王下 "周七八月, 夏五六月也." 「離婁下」, "周十一月, 夏九月也. 周十二月, 夏十月也."
27) 『西溪全書』 下, 『尙書思辨錄』, 禹貢, 167쪽.

라고 하였다. 오히려 채침이 주희의 설을 따르지 않는 것이 올바른 해석을 할 수 있게 하였다고 평가하기도 하였다. 이 한 구절을 주석함에 윗부분은 채침의 설을 아래 부분은 주희의 설을 따르는 것이 좋다고 한 것은 곧 박세당 자신의 판단에 따라 취사선택하여 독자적인 주석체계를 추구하였음을 보여주는 것이라 하겠다.

채침의 주석에 대한 비판의 대안으로 대전본에 인용된 세주를 채침의 전과 비교하여 채침의 주석을 대신하기도 하였다.『상서』「태갑」편의 '自底不類 欲敗度 縱敗禮'에 대한 주석에서는 다음과 같이 채침의 주석을 비판하고 西山陳氏의 설로 대체하였다.

> 西山陳氏가 '不類'를 '與天相似'로 본 것은 틀린 것이나 자신을 받드는 데는 법도가 있어야 하고 嗜好에 절제함이 없으면 법도는 무너진다고 해석한 것은 채침의 전에 비하면 훨씬 분명하다.[29]

대전본이 채침의 주를 기준으로 하고 그에 대한 보조적인 위치로서 세주를 부기한 것이다. 그런데 세주와 채침의 주를 상호 비교하여 채침을 비판하고 대전본의 주를 선택하는 박세당의 주석방식은 채침의 『서집전』을 상서해석의 유일한 기준으로 삼을 수 없다는 것이다. 더 나아가서는 박세당의 주석에서 채침의 『서집전』을 수용이나 비판이 없이 제외시키고 세주로서만 주석을 붙이기도 하였다.

박세당은 채침의 설을 거의 전편에 걸쳐서 조목조목 비판하고 있지만 「우공」편에서,

> 이 장은 선유 모두 설이 있지만 채침의 전이 분명해서 그 본지를 얻은 것만 못하다.[30]

---

28)『西溪全書』下,『尙書思辨錄』, 伊訓, 176쪽.
29)『西溪全書』下,『尙書思辨錄』, 太甲中, 177쪽.
30)『西溪全書』下,『尙書思辨錄』, 說命中, 187쪽.

라고 한 것이나,

> 주자가 이 장의 뜻을 설명한 것은 마땅하지 않다. 채침의 전과 같은 것이 더 낫다.[31]

라고 한 부분에서 보듯이 상당 부분 수용하고, 스승인 주희와 비교하여 오히려 채침의 『서집전』이 더 훌륭한 것으로 평가하기도 했다.『상서사변록』후반부로 갈수록 채침전을 수용하는 경향이 두드러진다.

다만 어느 특정한 해석을 주된 것으로 하지 않고 박세당 자신의 판단에 따라 비교하여 분명하고 타당한 것을 취사선택할 뿐이었다. 채침의 설도 비교의 대상이 되는 다양한 주석서 중의 하나라고 본 것이다. 당시 주희의 설을 절대시하던 학문적 분위기와는 전혀 다른 것이다.

2) 주희에 대한 입장

박세당은 주희에 대해서도 자신의 판단 기준에 따라 수용하면서도 비판적인 입장을 취하고 있다. 예컨대 「홍범」에서,

> 내가 생각하건데 주자와 채침은 '時人'이 '康色之人'만을 가리키는 것으로 파악했는데 경문의 본의를 잃은 것이다. 진씨의 설이 합당하다.[32]

고 하여 주희와 채침의 설을 모두 비판하고 대전본에 보이는 진씨의 설을 지지하였다.

---

31) 『西溪全書』 下, 『尙書思辨錄』, 洪範, 208쪽.
32) 『西溪全書』 下, 『尙書思辨錄』, 洪範, 206쪽.

「泰誓」篇 '亶聰明作元后 元后作民父母' 條에서[33] 채침은 亶을 '誠實無妄'으로 풀이하고 그것은 총명함이 타고난 본성에서 나온 것이기에 그러하다고 하였다. 그래서 '총명함을 본성으로 타고난 사람이 원후가 되며 원후는 백성들의 부모이다'라고 해석하였다. 그래서 총명함은 타고난 본래의 性에서 나온 것이므로 성인들의 총명함이란 노력해서 되는 것이 아니라고 하였다. 총명함을 타고난 성인만이 원후가 되고 백성의 부모가 된다면 군주가 될 만한 사람은 요·순정도일 뿐이고 湯과 武王도 노력해서 되는 정도에 있어 원후의 지위에 있을 수 없게 되니 그 湯·武보다 아래에 있는 군주들은 어떻게 되겠는가라고 반문하고는,

> 천착함이 이와 같으니 후인들을 그르치게 하지 않을 수 있겠는가.[34]

라고 해서 주희의 설을 강하게 비판하기도 하였다.

한편 「武成」에서는 주희가 글의 편차를 다시 재편집하여 '考定武成'이라 하였는데 박세당은 『상서사변록』에서 「武成」편의 제목 아래에 '從考定'라 부기해서 주희가 편차하여 考定한 순서를 따랐음을 명시하였으며, 「홍범」 '六三德' 條에서는 다음과 같이 제설 가운데 주희의 설이 비교적 분명하다 하여 수용하기도 하였다.

> 이 장의 의미를 끝내 상세하게 할 수 없음이 있다. 선유의 설이 모두 분명하지 않아서 합당한 것이 없는데 그것은 해석할 수 없는 곳을 억지로 해석했기 때문이다. 오직 주자의 말이 제설 가운데에서 비교적 분명하다.[35]

---

33) 『書經』 卷6, 泰誓上.
34) 『西溪全書』 下, 『尙書思辨錄』, 泰誓, 195쪽.
35) 『西溪全書』 下, 『尙書思辨錄』, 洪範, 209쪽.

주희의 주석이라서가 아니라 제설과 비교하여 그 뜻이 분명하기 때문에 박세당이 채택한 것이다.

흥미로운 사실은 박세당이 주희의 설을 수용하기도 하고 비판하기도 하는데, 박세당이 주희의 글을 직접 보고서 인용한 것이 아니라는 점이다. 그가 인용하는 주희의 설은 모두 大全本에 세주로 이미 채록되어 있는 것을 재인용한 것이었다. 박세당이 주희의 설을 언급한 부분이 大全本에 인용된 것과 한 줄도 다르지 않은 점이 이를 입증한다.

3) 『상서정의』에 대한 입장

채침의 『집전』 이전에 통용되었고 주자학적 해석과는 다른 입장을 가진 『상서정의』의 주석에 대해서 박세당은 『상서사변록』에서 곳곳에서 인용하였다. 『상서정의』는 漢 공안국의 전에 唐 공영달이 소를 붙인 것이다. 박세당은 공안국을 공씨 또는 한 공씨로 당의 공영달은 당공씨로 구분해서 인용하였는데 대체로 그들의 설을 수용하는 입장이다. 이것은 제도고증에 대하여 채침을 주석에 대한 대안으로 상서정의를 수용했기 때문이다. 박세당이 『상서사변록』에서 고증에 인용한 『상서정의』를 몇 가지 열거해 보고자 한다.

> 가) 唐孔氏가 말하기를 『周禮』에 만 이천 오백인이 軍이 되고 한집에서 한 사람 씩을 내니 一鄕이 一軍이 된다. 제후의 대국은 三軍이니 三鄕으로부터 나온다. 鄕은 郊內에 있다. 여기서 말한 三郊는 三鄕을 말한 것이다.[36]
>
> 나) 唐孔氏가 말하길 經典에서 모두 甲冑를 말하는데 옛날 갑옷은 가죽으로 만들었다. 秦·漢 이래로 쇠를 사용하였다.[37]

---

36) 『西溪全書』 下, 『尙書思辨錄』, 費誓, 298쪽.

다) 唐孔氏가 말하길 한서 율력지에 성왕 30년 4월 15일 갑자에 비로소 빛이 없는 부분이 생겼다고 하였는데 곧 「顧命」의 문장을 인용한 것이다. 이것은 劉歆의 설이다. 공씨가 16일로 생각했으니 劉歆의 설과는 같지 않다.[38]

라) 漢孔氏가 말하길 왕은 畢門을 나가서 應門안에 서 있는다.[39]

마) 孔氏는 神祇鬼는 治神으로 吉凶軍賓嘉는 治人으로 판단하였는데 그 뜻이 매우 명료하다. 그런데도 蔡氏는 알지 못하였다.[40]

가)는 군사제도에 대한 고증이다.『상서』「費誓」편의 三郊에 대해서 채침이 도성 밖을 郊라하고 郊外를 遂라하였는데 비하여 박세당은 공영달의 疏를 인용하여 여기에서 郊는 鄕을 말하는 것이라 하였다. 박세당이 인용한 공영달의 소는 대전본에도 인용이 되어있는 부분이다. 나)는 무기에 관한 고증이며 다)는 율력에 관하여 고증한 것이다. 공영달이 한서 율력지에 기록된 것을 가지고 「고명」편의 문장과 비교 대조하여 성왕 13년 4월 15일 甲子에 哉生魄한 것을 증명하고자 하였다. 라)는 고명을 전하는 절차가 끝나고서 즉위식을 행하는 장소를 공영달의 소를 인용하여 고증한 것이다. 마)는 「주관」편의 '宗伯掌邦禮 治神人和上下'에서 '治神人'을 공안국의 전을 인용하여 '以神祇鬼'는 귀신을 다스리는 것이고 吉凶軍賓嘉는 사람을 다스리는 것으로 나누어 해석하였다. 위에서 보듯이『상서사변록』에 인용된 공안국과 공영달의 주석은 대부분 어구의 해석이나 제도 사실 고증에 관한 것이다. 이런 점에서 제도에 대한 설명이 상대적으로 상세한 공영달의 소가 더 많이 인용되었다. 공안국과 공영달의『상서정의』의 설을 대부분 수용한 것은 이와 같이 훈고나 고증에 관하여 참고할만한 것만 선택

---

37)『西溪全書』下,『尙書思辨錄』, 費誓, 297쪽.
38)『西溪全書』下,『尙書思辨錄』, 顧命, 271쪽.
39)『西溪全書』下,『尙書思辨錄』, 康王之誥, 275쪽.
40)『西溪全書』下,『尙書思辨錄』, 周官, 265쪽.

적으로 인용했기 때문이다.

　박세당이 『상서정의』를 인용한 것이 『서집전』이나 대전본에서 인용한 범위를 넘어서지 않는다는 점에서 보면 박세당의 『상서정의』를 적극적으로 수용한 것으로 보기는 어렵다. 따라서 박세당의 상서해석이 주자학적 상서해석 체계를 벗어난 것으로 평가하는 데에는 한계가 있다고 하겠다.

　비록 채침이나 대전본편찬자들의 입장에서 채록된 범위를 벗어나지 못했지만 내용에 있어서는 『상서정의』의 설도 채침과 대등한 위치에 두고 상서정의의 설에 근거하여 채침이나 주희의 설을 비판하기도 하였다.

4) 『서집전대전』에 대한 입장

　박세당은 주희를 비롯해서 程子·蘇氏·陳氏·林氏·呂氏 등 수십 명에 이르는 한에서부터 송·원·명에 이르기까지 여러 학설을 인용하였다. 그러나 박세당의 『상서사변록』에 인용된 제가의 설은 대전본의 인용 범위를 넘지 못했다.[41] 대전본 내에서 주자와 채침을 주된 주석으로 두지 않고 자신의 기준에 따라 취사선택하였다 박세당이 대전본을 인용하여 자신의 상서주석서인 『상서사변록』을 구성한 주석방식을 검증해 보고자 58편 중 여섯 편을 구체적인 사례로 살펴보고자 한다.

---

41) 『상서사변록』에 인용된 제가의 설을 『서집전대전』본에 인용된 것과 비교 검토한 결과 『사변록』에 인용된 것이 예외 없이 대전본의 범주에 있고 그 인용 순서조차 같았다. 이것은 박세당이 『상서사변록』을 저술하면서 참고한 주석서가 『서집전대전』을 넘지 못했던 것임을 말한다.

『상서사변록』 주석표

堯 典							
章＼註	1	2	3	4	5	6	비 고
序	채침인용						
1	박세당주	채침비판					
2	박세당주						
3	박세당주						
4	박세당주	채침비판					
5	박세당주						
6	박세당주						
7	박세당주	채침인용					
8	박세당주					율력고증	
9	결 락						
10	박세당주						
11	박세당주	채침비판					
12	채침비판						

(1)「요전」: 전체 서를 포함하여 12장인데 10개의 장에 대해 자신의 주석을 붙이고 1장, 4장, 11장에서는 채침의 주를 비판하였다. 序와 7장에서는 채침의 주를 인용하였다. 구성 방식은 먼저 앞에다가 자신의 주석을 붙이고 이어서 채침의 주를 수용하거나 비판하였다. 전체적으로 박세당의 주와 채침의 주만으로 구성되고 대전본의 세주를 인용한 것은 보이지 않는다. 제 8장에서는 율력제도에 대한 고증을 하였다.

舜 典							
章＼註	1	2	3	4	5	6	비 고
1	박세당주						
2	박세당주						

3	박세당주					
4	결 락					
5	박세당주					
6	결 락					
7	결 락					
8	결 락					
9	박세당주					
10	결 락					
11	채침비판	박세당주				
12	결 락					
13	결 락					
14	결 락					
15	결 락					
16	결 락					
17	박세당주	채침비판	박세당 평가			
18	결 락					
19	박세당주	채침비판				
20	결 락					
21	결 락					
22	결 락					
23	결 락					
24	박세당주	채침비판				음악 제도
25	결 락					
26	결 락					
27	결 락					
28	채침비판	박세당 평가				

(2) 「순전」: 전체 28장 중에서 10의 장에 대해 주석을 붙였는데 8개 장에 대해서 박세당 자신의 주를 붙이고 11, 19, 24, 28의 5개장에서 채침의 주석에 대하여 비판하였으며 채침의 설을 수용한 것은 없다.

17장과 28장에서는 박세당이 일종의 '案'과 같은 성격의 자신의 결론
을 이야기하였다. 24장에서는 음악제도에 대한 고증이 있었으며 주석
의 차례는 역시 박세당 자신의 주석을 앞에 세우고 채침에 대한 비판
을 뒤에 두고 마지막을 자신의 결론을 붙였다.

章\註	고 요 모					
	1	2	3	4	5	6	비 고
1	박세당주	채침비판	西山陳氏#				처음 大全本인용
2	박세당주	채침비판					
3	박세당주	채침비판					
4	박세당주	채침비판	朱熹#	박세당 주희비판			
5	박세당주						
6	박세당주						
7	결 락						
8	결 락						

  (3) 「고요모」 : 전체 8장에서 6개 장에 박세당의 주를 붙이고, 4개
장에서 채침의 주를 비판하였고, 2개 장에 대해서 대전본 세주에 있는
서산진씨와 주희의 설을 인용하였다. 「고요모」에서부터 채침의 주석
을 비판하고 그 대안으로 대전본의 세주를 인용하지만 그 빈도는 부
차적인 것이었다. 『사변록』 주석의 구성순서는 박세당 자신의 주석을
가장 앞에 두고 채침주에 대한 비판을 그 다음에 두었다. 채침전을 비
판하고 그 대안으로서 대전본의 세주를 인용하였기 때문에 대전본을
그 다음에 두었다. 제4장에서는 주희의 주석에 대해서 박세당이 비판
한 것이 보인다.

			익	직			
章\註	1	2	3	4	5	6	비고
1	박세당주	채침비판					사기인용
2	박세당주	채침비판	夏氏#	新安陳氏#			맹자인용
3	결 락						
4	王氏#						
5	박세당주						
6	박세당주	채침비판	신안진씨#				탈락궐문
7	박세당주						
8	박세당주	채침비판					
9	박세당주	채침인용					

　(4)「익직」: 전체 9장에서 7개 장에 자신의 주석을 달고, 5개 장에 걸쳐서 채침의 설을 비판하였다. 4개장에 대해 대전본의 세주를 수용하였는데 제4장에서는 채침주를 제외하고 대전본의 세주로만 주석을 붙였다. 대전본의 채침주 중심적인 성격이 몰각되고 모든 주가 상대적으로 비교되기 시작한다고 볼 수 있다.

			周	官			
章\註	1	2	3	4	5	6	비고
序	채침인용	주희#					
1	채침인용	王氏兂耘#					
2	채침인용	박세당평가					
3	채침인용	陳雅言#	新安陳氏#				
4	박세당주	陳經#					
5	채침인용	박세당평가	진아언#	채침인용	葉氏#		

6	채침인용	孔氏#	呂氏#	신안진씨#	진아언	박세당평가	
7	채침인용	後齊董氏#	신안진씨#	진아언#			
8	채침인용	陳大猷#					
9	채침인용	공씨#	여씨#	제설비교			
10	채침인용	여씨#					
11	채침인용	여씨#	진경#				
12	채침인용	진대유#					
13	채침인용	여씨#	박세당평가				
14	여씨#	張氏#	林氏#	박세당평가			
15	채침인용	진경#	왕씨#	신안진씨#			
16	채침인용	여씨#	진대유#	여씨#	신안진씨#	박세당평가	
17	여씨#	진대유#	신안진씨#	박세당평가	진아언#	신안진씨#	
18	박세당주						
19	신안진씨#	우위					
20	채침인용	왕씨#	董鼎#	박세당평가			
21	주희#	채침인용	여씨#	진아언#			

(5)「주관」: 전체 21편 중 17장에 대해서 채침의 설을 수용하였다. 자신의 주는 2개 장에 불과하고 모든 장에 대하여 다수의 대전본 세주가 인용되었다. 전체적으로 주석이 많아지고 대전본의 세주 인용 빈도가 현저히 증가하였다. 특기할 것은 채침 주에 대한 비판보다는 수용하는 경향이 있다. 이편은 관직제도에 대한 고증이라서 박세당이 특별이 많은 주석을 인용하여 고증에 심혈을 기울인 것으로 보인다.

章\註	금 등						
	1	2	3	4	5	6	비고
序	孔氏#	王日休#	陳梅叟				
1	결 락						
2	결 락						
3	박세당주						
4	공씨 #	채침비판	林氏#	鄭氏#			
5	박세당주	채침비판	林氏	주희#			
6	박세당주						
7	박세당주	1임씨#					
8	박세당주						
9	박세당주						
10	박세당주	채침비판					
11	채침인용	王氏#	임씨#				
12	결 락						
13	결 락						
14	주희#						
15	결 락						
16	박세당주	채침비판					
17	채침비판	임씨#					
18	결 락						
19	임씨#	주희#					

표한 것은 대전본 세주

(6) 「금등」: 전체 19장에서 8개 장에 대해서 자신의 주를 붙이고 6개 장에 대해서 채침의 설을 수용 비판하였다. 4개 장에 걸쳐서 채침주가 완전히 제외되고 대전본의 세주만으로 주석을 구성하였다. 대전본의 세주 비중이 점점 증가하고 채침 주의 상대화 현상이 뚜렷이 나타나는 것을 볼 수 있다.

박세당이 독자적으로 여타의 주석서를 인용하지 못하고 주자학적 해석의 입장에서 제설을 취합한 대전본에 근거하고 그 범위를 한 줄도 벗어나지 못한 것은 그의 경학사상의 한계를 의미하는 것으로 생각된다. 즉 주자학적인 설을 인용하여 주희나 채침을 비판한 것이다.

비록 『상서사변록』에 인용된 제설이 주자학적 입장을 취한 대전본 내에 한정되어 있지만, 박세당은 주희나 채침의 설을 절대시하지 아니하고 대전본 내에 인용된 제가의 설과 같은 위치에 두고 자신의 생각에 따라 취사선택한 것이다. 이 점은 대전본의 체제가 주희나 채침을 중심에 두고 제가의 설을 부기의 형태로 세주로 붙인 것과는 매우 다른 것이었으며 당시로는 파격적인 것이라 할 수 있다. 앞에서 보인 바와 같이 부기된 세주에 근거하여 주희나 채침을 비판하기도 하였으며 또 세주를 앞으로 끌어내어 중심에 세우고 주희나 채침을 부기하는 방식도 취하였다. 결론적으로 말하면 대전본 체제를 벗어나진 못하였으나, 주희나 채침을 절대시 하지 아니하고 모든 주석을 동등한 위치에 두고 자신의 입장에 따라 취사선택하였다는 것이다.

4. 훈고학적 주석의 채택과
성리학적 해석의 배제

1) 훈고학적 성격

『상서사변록』에서 박세당의 주석은 거의 대부분 어구에 대한 훈고나 지리·천문 및 제도(예악·관직·인사·형벌)와 사실에 대한 고증에 집중되어 있다. 어구에 대한 훈고는 『상서사변록』 전편에 걸쳐서 나타나지만 제도나 역사적 사실에 대한 고증은 58편 중에서 각 편의 성격에 따라 관련된 편에 치중되어 있다. 지리에 대한 고증은 「우공」

편에, 관직제도는 「주관」편에, 인사제도는 「입정」편에, 형벌에 관한 것은 「여형」편에 치중되어 있다. 따라서 제도와 사실 고증에 관련된 편은 주석이 매우 치밀하고 상세하여 그 양이 다른 편에 비하여 상당히 많다. 「주관」편에서,

> 傳은 이 편이 『주례』와 같지 않다. 三公 三孤와 같은 것은 『주례』에는 기록되어 있지 않다. 또 여기서는 6년에 五服이 한번 朝覲한다고 말했지만 『주례』에는 六服의 제후가 일 년에 한 번 조근하는 자, 이년에 한 번 조근하는 자, 삼년에 한번 조근하는 자가 있으니 역시 이와는 맞지 않는다. 주자는 「목서」, 「입정」에서 말한 周家는 이때에 제후였기 때문에 三公・三孤에까지는 미치지 못했다. 「주관」에서 말한 것에서는 周는 이때 이미 천하를 얻었다고 생각했다. 그렇다면 「입정」에서 어찌 虎賁・三亳이라고 하는 것이 있는가? 「입정」은 文武가 사람을 등용하여 정치를 맡기는 것이 도를 얻었음을 가지고 成王을 가르치는 것이었는데 三亳만을 거론하고 三公・三孤는 언급하지 않았는가. 오로지 일이 天子가 되기 전이었기 때문인가? 文武의 「입정」을 말한다면 公孤를 빼놓을 수 있지만 「입정」으로 성왕을 훈계하는데 어찌 公孤를 언급하지 않을 수 있는가? 모두 상세히 알 수 없는 것들이다.[42]

라 하여 「주관」편이 『주례』와 다른 이유에 대해서 주희의 견해를 인용하고 자신의 의문을 제기하였다. 『서경』에서 「주관」편에는 천자의 관직체계인 삼공 삼고가 언급이 되어 있으나 「입정」편에서는 삼공과 삼고가 없는 것에 대해서 주희는 「입정」편은 주가 천자가 되기 이전에 만들어진 것이고 「주관」은 천자가 된 뒤에 만들어진 것이기 때문이라고 그 이유를 추론하였다. 이에 대해 박세당은 「입정」편이 단지 문왕과 무왕의 인사제도를 말한 것이 아니라, 문왕과 무왕의 인사제도가 그 도를 얻었음을 가지고 천자인 성왕을 가르친 내용이라면 마땅히 천자의 제도여야 할 것인데 삼공과 삼고가 빠진 것은 알 수 없다고 의문을 제기하였다.

---

42) 『西溪全書』下, 『尙書思辨錄』, 周官, 264쪽.

「여형」편에서는 오형의 제도에 대하여 다음과 같이 고증을 시도하였다.

> 오형의 죄를 유형으로 감형한다는 것은 죄는 법으로 정하는 것이나 특별한 정황으로 용서할만할 때, 형벌을 시행하기에 어려움이 있을 때 이것을 써서 처리하는 것이다. 오늘날의 이른바 조사한 것에 대해 불복하거나 죄가 의심스러울 때 하는 것과는 같지 않다.[43]

오형에 대한 속형이 오형의 죄가 의심스러울 때 金으로 속형하는 것이라는 채침의 설을 비판하고 속죄의 근본 취지에 대하여 고증하였다. 속죄의 제도의 근본이 죄의 유무 경중이 의심스러울 때나 죄인이 불복할 때가 아니라 죄인의 정황을 참작할 여지가 있거나 죄인의 상황이 법을 시행하기 어려울 때에 변통으로 시행한다는 것이라 하였다.

「우공」편에서 치수하는 순서에 대해서 주희와 채침의 설과 先儒의 설을 비교하여 다음과 같이 고증하였다.

> 주자는 우의 치수가 낮은 곳에서부터 먼저 하여 下水가 다 줄어들면 上水가 점차 얕아진다. 그래서 碣石과 九河에서 시작해야 한다. 黃河의 우환은 兗州가 심하다고 판단했다. 채침의 전은 그 설을 따라서 '旣載壺口'에 대한 주석에서 "우의 치수에서 일을 하는 순서는 하류에서부터 시작하였다. 그래서 兗州 다음으로 靑州로 하였는데 연주가 가장 아래이다. 그래서 먼저 하게 되었다"고 했다. 선생의 설에서 얻은 것이 이와 같다. 그러나 선생의 설을 따를 줄만 알았지 그렇게 이야기한 이유를 몰랐다. 그래서 또 이런 오류를 면하지 못했다. 도리어 선유가 틀렸다고 했는데 선유의 말이 틀린 적이 없다. 치수해서 업적을 이룬 자는 반드시 낮은 곳을 먼저 하고 높은 곳을 뒤에, 하류를 먼저하고 상류를 나중에 한다. 물이 낮아져서 그 일을 할 때에는 반드시 높은 곳을 먼저하고 낮은 곳을 뒤에, 상류를 먼저 하고 하류를 나중에 한다. 이 일은 쉽게 알 수 있는 것인데 채씨만이 생각지 못했다.[44]

43) 『西溪全書』 下, 『尙書思辨錄』, 呂刑, 294쪽.

우의 치수가 낮은 곳에서 먼저 시작하여 높은 곳으로 나아갔지만 홍수가 난 후에 물이 줄어들면 그때의 치수는 높은 곳에서부터 먼저 시작된다는 것을 증명하여 채침이 주희의 설을 맹목적으로 따르기만 한다고 혹평하였다.

정삭에 관해서도 수차례에 걸쳐서 논변을 하였는데,

> 삼대는 정삭이 비록 같지 않았지만 寅月로서 起數하였다. 朝覲과 會同 頒曆 授時하는 것은 正朔으로 행사하고 月數를 기준하는 것은 모두 寅月을 처음으로 하였다.[45]

라 하여 삼대가 정삭을 고쳐서 서로 달라졌지만 월수를 표시하는데 있어서는 寅月을 歲首로 하는 夏曆을 따랐다는 채침의 주장에 동조하지만, 채침이 근거로 든 기록에 대해서는 비판적이었다.

이밖에도 「열명」편에서 亮陰에 대한 고증을 통하여 상례에 대한 자신의 설을 제시하였고,[46] 「대고」편에서는 삼감의 난에 대해서 역사적인 사실 고증을 시도하였다.[47] 전편에 걸쳐서 제도와 사실 고증에 치중하는 훈고적인 경향이 두드러진다.

상서 내용에 대한 고증만이 아니라 상서 자체의 편간에 있어서 착간이 있음을 수차례 거론하여 상서 자체에 대한 문헌 고증을 시도하였다. 「입정」편에서는,

> 이 一簡은 아마도 他書의 문장인데 잘못되어서 여기에 편집된 것 같다. 상하가 이어지지 않고 일편 내에 뜻이 비슷하여 서로 밝혀줄 수 있는 것이 없으니 잘못된 것이 분명하다. 지금은 다만 제설 중에서 이치가 가장 나은 것을 취하여 둘 뿐이다.[48]

---

44) 『西溪全書』下, 『尙書思辨錄』, 禹貢, 167쪽.
45) 『西溪全書』下, 『尙書思辨錄』, 伊訓, 173쪽.
46) 『西溪全書』下, 『尙書思辨錄』, 說命, 186쪽.
47) 『西溪全書』下, 『尙書思辨錄』, 大誥, 215쪽.

라고 하여 아래 위로 문맥이 통하지 않아 착간이 분명하지만 여러 설 중에서 가장 의미가 잘 통하는 것을 붙여둔다고 하였다.

어구에 대한 훈고, 제도에 대한 고증을 위해서 두 가지 주석 방식을 택한다. 첫째는 기존의 주석서 중에서 훈고 고증에 대한 부분을 취사 선택하는 방법이다. 앞에서 언급한 바와 같이 그의 취사선택에서는 어떠한 기존 주석서에 대해서도 특별한 권위를 인정하지 않는다. 둘째는 자신의 독창적인 주석을 붙이는 것이다. 이 경우 박세당은 자신의 주석에 근거를 확보하기 위해 사서삼경을 비롯하여 『사기』, 『예기』, 『춘추』 등 다양한 경전을 인용한다. 이른바 '以經解經'의 방식이다. 이것은 모든 경전은 후대인들에 의해서 끊임없이 새롭게 해석되어야 한다는 윤휴나 박세당의 경전해석을 통한 부단한 진리탐구 정신으로 볼 때 당연한 방식이라 하겠다.[49] 박세당은 거의 전편에 걸쳐서 심혈을 기울여 어구 해석과 제도 고증에 치중하였는데 이것이 그의 『상서사변록』 주석의 기본방침인 것으로 보인다. 이러한 점은 권근이 『서천견록』에서 '敬'이 서경 전체의 핵심적인 사상이라고 한 것이나, 의리론적인 해석이나 정치사상적인 접근 방식과는 다른 경학적 특성이라 할 것이다. 그는 의미를 부여하는 것을 배제하고 철저히 해석과 고증에만 집중하였다.

2) 성리학적 해석의 배제와 비판

앞에서 언급한 바와 같이 박세당은 『상서사변록』에서 훈고와 고증을 그 주석의 기본 방침으로 하였다. 그래서 천리·천명·인심·도심

---

48) 『西溪全書』下, 『尙書思辨錄』, 立政, 262쪽.
49) 김흥규는 윤휴와 박세당의 경학적 특성을 '반권위주의적'이라고 규정하였다(김흥규, 1982, 『조선후기 시경론과 시의식』, 고대민족문화연구소).

등 성리학적 부분에 대해서는 의식적으로 배제하였다. 『서경』에 빈번히 보이는 천명사상이나 인심 도심설과 같은 성리학적 관념에 대한 부분은 전혀 인용하지도 않았을 뿐만 아니라 스스로 별도의 주석을 달지도 않았다. 수많은 성리학자들이 주석을 붙인 '人心惟危 道心惟微 惟精惟一 允執厥中'50) 章에 대해서 채침은,

　　마음은 사람의 지각이다. 가운데에서 주가 되어 밖에 대하여 응하는 것이다. 형기로 발한 것을 가리켜서 말하면 인심이라고 말하고, 의리로 발한 것을 가리켜서 말하면 도심이라 한다. 인심은 사사롭기 쉽고 공하기 어렵다. 그래서 위태롭다. 도심은 밝기 어렵고 혼매하게 되기 쉽다. 그래서 드러나지 않는다. 순정하게 하여 살펴서 형기의 사사로움과 섞이지 않고, 전일하게 지켜서 의리의 바름을 순일하게 하면 도심이 언제나 그것의 주가 되고 인심이 명을 따르게 된다. 그러면 위태로움은 안전하게 되고 은미한 것은 잘 드러나게 되어서 動靜云爲함에 저절로 지나침과 모자라는 잘못됨이 없어서 진실로 그 中을 잡을 수 있다.51)

라고 하여 인심과 도심에 대하여 주석을 붙였지만 박세당은 이 장에 대하여,

　　택하여 순정하게 하려하고 지켜서 전일하게 하려 한다. 순정하면 의심스럽고 혼란하고 뒤섞이는 잘못이 없고, 전일하면 침탈하거나 끊어지는 병폐가 없다. 中은 純正에서 얻고 執은 專一한데서 얻는다.52)

라고만 하여 몇 줄의 어구 해석을 붙이는데 그쳤다. 채침의 설에 대해

---

50) 『尙書』, 卷2, 大禹謨.
51) 『書集傳』, 卷2, 大禹謨, "心者人之知覺. 主於中而應於外者也. 指其發於形氣者而言, 則謂之人心, 指其發於義理者而言, 則謂之道心. 人心易私而難公, 故危. 道心難明而易昧, 故微. 惟能精以察之, 而不雜形氣之私, 一以守之, 而純乎義理之正道心常爲之主而人心聽命焉. 則危者安, 微者著, 動靜云爲, 自無過不及之差, 而信能執其中矣."
52) 『西溪全書』 下, 『尙書思辨錄』, 大禹謨, 162쪽.

비판이나 인용조차 하지 않은 것을 보면 이러한 성리학적인 해석 방식을 의도적으로 배제한 것으로 보인다.

「열명」 중편 '惟厥攸居 政事惟醇'[53] 章에 대해서 채침은 다음과 같이 의리를 개입시켜 해석을 시도하였다.

> 居는 머물러서 편안하다는 뜻이다. 의리가 머무는 곳에 편안하다이다. 의리는 애써 노력하는데서 나오면 둘이 되고, 의리가 자연스러운 곳에서 저절로 이루어지면 하나가 된다. 그래서 정사가 순정하여 뒤섞이지 않는다.[54]

이에 대해 박세당은,

> 왕이 그 말한 곳에서 지켜서 자기의 머물 곳으로 삼아 실천한다면 크게는 정치가 되고, 작게는 事가 되어 순정하지 않음이 없을 것이다. 傳에서 '惟厥攸居'를 '義理가 머무는 곳에 편안히 하다'라고 해석하였다. 이 한마디 말에 어찌 이른바 의리라고 하는 것이 있어서 그 사이에 영향을 주었는가? 이와 같이 설명하는 것은 정말 알 수가 없다. 또 '安所止'와 위에서 말한 '止而安'은 뜻이 약간 다르다는 것이 그 무슨 소리인지 알 수가 없다. '애써 노력하는데서 나오면 둘이고 자연스러운 곳에서 저절로 이루어지면 하나가 된다'는 것과 같은 것도 더욱 천착하여 근거가 없는 것이다.[55]

라고 채침의 의리를 개입시킨 해석에 대해 강하게 비판하였다. '惟厥攸居'라는 말 속에 불필요하게 의리라는 개념을 집어넣은 것에 대한 비판이다.

박세당은 채침이 상서해석에서 '萬殊一本'의 원리를 적용하는 것에

---

53) 『尙書』, 卷5, 說命中.
54) 『書集傳』, 卷5, 說命中, "居止而安之. 義安於義理之所止也. 義理出於勉强, 則猶二也, 義理安於自然, 則一矣. 一故政事醇而不雜也."
55) 『西溪全書』 下, 『尙書思辨錄』, 說命中, 188쪽.

대해 萬殊一本 一本萬殊의 이치를 근원적으로 부정하였다. 채침이 '德無常師 主善爲師 善無常主 協于克一'[56] 장을 주석하면서 다음과 같이 萬殊一本 一本萬殊의 이치로 해석하였다.

> 덕이 衆善을 兼하되 선을 主로 하지 않으면 一本萬殊의 이치를 깨달을 수 없고, 善은 一에 근원하되 一에 합치되지 않으면 萬殊一本의 妙理를 통달할 수 없다.[57]

여기에 대해 박세당은,

> 一의 뜻은 諸說이 같지 않다. 그러나 대개 萬殊一本의 뜻으로 이해하였는데 본지가 아닌 것 같다. 傳에서 '德兼衆善'을 一本萬殊로 '善原於一'을 萬殊一本으로 보았으나 이 本이라는 것이 나누면 둘로 되는 것을 면하지 못하는데 어찌 一本이 되는 것에 있겠는가? 또 일에는 만 가지가 되어 하나 되지 못하는 것이 있는데 함께 선이라고 한다면 이것은 一本이라고 일컬을 수는 있으나 본래 서로 비슷한 점이 있음을 말한 것이다. 그 뜻이 가리키는 것을 찾지 않고 그 말이 서로 비슷한 것을 가지고 억지로 같다 붙여놓고, 크게 스스로 옛사람의 정미한 깊은 뜻을 얻었다고 생각하고 그 설을 장황하게 하면서 잘못됨을 알지 못한다. 마침내는 후학들로 하여금 의심스럽고 혼란하게 하여 따를 바를 모르게 한다.[58]

라고 비판하였다. 사물에는 모습이 만 가지로 서로 달라 하나의 본으로 될 수 없는 것이 있는데 이것을 一本으로 칭한다 하더라도 그것은 본래 서로 비슷한 것이 있다는 정도를 말하는 것에 불과하다고 주장하여 萬殊一本의 원리를 부정하였다. 서로 비슷한 것들을 가지고 일본이라고 억지 해석을 하고 옛사람의 깊은 뜻을 깨달았다고 장황하게

---

56) 『尙書』, 卷4, 咸有一德.
57) 『書集傳』, 卷4, 咸有一德, "德兼衆善, 不主於善, 則無以得一本萬殊之理, 善原於一, 不協于一, 則無以達萬殊一本之妙."
58) 『西溪全書』下, 『尙書思辨錄』, 咸有一德, 179쪽.

이야기하는 사람들이 자신들의 오류를 모르고 후인을 현혹시킨다고 혹평하였다.

박세당은 『상서사변록』 어구해석과 고증을 충실히 하여 경전에 대한 이해에 접근하고자 하여 성리학적 의미를 부여하는 것을 배제하거나 비판하였다. 위에서 보듯이 상서에서 성리학자들의 가장 많은 관심을 모았던 인심도심장에서는 짧은 어구 해석만을 붙였을 뿐이다. 또 단순한 어구에 불과한 것에도 의리론을 붙여 해석하려는 채침의 해석태도를 불필요하게 의리라는 개념을 끌어들여서 근거 없는 이야기를 천착한 것에 불과하다고 하였다. 萬殊一本의 원리에 대해서도 서로 비슷한 것이 있을 뿐이라고 해서 근원적으로 부정하였다. 『상서사변록』에 보이는 박세당의 경전 해석의 태도는 주자학적 해석을 배제하거나 성리학적 개념을 도입하는 것을 부정하거나 비판하는 것이었다. 송시열이,

> 주자가 나온 이후로 의리가 크게 밝아져서 一言一句도 밝혀놓지 않은 것이 없다. 그 다음 사람들의 저술은 쓸데없으니 만약 주자의 말과 조금이라도 다르면 잡설일 뿐이다.[59]

라고 한 당시의 주회 존중의 사상적 조류에서 보면 박세당의 경전 주석의 태도는 파격적인 것을 넘어서 대단히 위험시 되는 것이었다. 결국 그의 이러한 경전 주석태도는 金昌翕을 비롯한 노론 계열의 가혹한 비판을 받았으며, 이들은 박세당을 '聖門의 叛卒' '斯文의 亂賊'으로 규정하고 유배시킬 것을 청하였다.[60] 당시인들의 논란을 거쳐 대간의 계청으로 玉果에 유배가 결정되었으나[61] 고령인데다가 그 절의가 타인의 모범이 된 점, 두 아들 朴泰維 朴泰輔의 절의를 참작하여

---

59) 『宋子大全 — 附錄』, 卷17, 語錄.
60) 『西溪全書』 下, 癸未錄·司憲府啓, 514쪽.
61) 『西溪全書』 上, 西溪先生集·年譜, 454쪽.

유배를 철회해 줄 것을 상소하여[62] 유배에서 풀려났다.

박세당의 『상서사변록』은 주희와 채침의 주석을 비판하고 대전본 내의 다양한 주석을 이들과 동등한 위치에 두고 자신의 판단에 따라 취사선택함으로서 자신의 상서해석의 체계를 수립하고자 하였다. 그는 『상서정의』를 비롯하여 『한서』·『맹자』·『사기』·『죽서기년』·『주례』 등 다양한 자료를 인용하여 상서를 해석하고자 하였는데 주로 역사 지리 천문 관직제도 형법 등 고증에 치중하였다. 박세당의 『상서사변록』은 조선시대 상서해석에 있어서 주희와 채침의 성리학적 상서해석 체계를 넘어서는 단초를 연 것으로 평가할 수 있다.

---

62) 『西溪全書』 下, 癸未錄·司直李寅燁上疏, 514쪽.

제5장

이익의 『상서정의』 채용과
문헌고증적 접근

1. 경전해석에 대한 기본시각

성호 이익의 경전주석에 대한 기본적인 시각은 그의 저서인 '질서'에서 특히 『논어질서』, 『맹자질서』, 『서경질서』의 서문 속에서 잘 드러나 있다. 성호 이익의 경전주석에 대한 기본적인 태도는 疑經精神이다. 그는 『논어』, 『맹자』를 해석하는데 있어서 주희의 주석은 가장 훌륭한 것으로 그 길잡이가 되었다고 평하였다. 그러나 주희의 주석이 비록 완벽에 가깝다고는 하나 거기에 후인들이 의문을 갖는 것은 당연하고 주희 또한 경전 주석에서 그렇게 하였다고 하였다.

이익은 주희의 집주가 경전해석에 있어서 주대 이후로 유일한 길잡이이며 이전까지의 분분한 해석을 하나로 통일시킨 것으로 평하였다. 그가 저술한 『논어질서』 서문에 보면,

주나라에서는 이를 배척하였으나 제자들이 전하였다. 진나라에서
이를 불태웠으나 벽간이 다시 나와서 이설이 분분하였는데 주자에 이
르러 이를 절충하여 斯文이 하나로 통일되어서 집주가 이에 홀로 통행
되었다. 아! 세상을 바로잡는 교육에 있어서 어찌 이 주석서가 없을 수
있겠는가? 다행중의 다행이다. 논어를 보기 위해서는 반드시 이 주석
서를 연구해야 할 것이며, 이 주석서를 연구하기 위해서는 반드시 먼저
주자의 정신을 이해하여야 한다. 그의 정신을 이해하면 공자의 정신도
거의 짐작하게 될 것이다.[1]

라고 되어있다. 논어를 보기 위해서는 당시에 유일한 주석서이던『논
어집주』를 보아야하지만 논어 주석서인『논어집주』를 연구하고 이해
하기 위해서는『논어집주』를 저술한 주희의 저술의 기본정신이 무엇
인지 알아야 한다고 이익은 주장하였다. 이익은 주희의 경전주석서인
집주의 경학사적 의미를 높이 평가하고 있지만 자신이 경전을 주석하
면서 주목한 것은 곧 집주를 저술하게 된 배경인 주희의 경전에 대한
기본정신이다. 이것이 곧 이익의 경전에 대한 기본적인 시각이기도하
다. 이익이 주희를 본받고 높이 평가하려는 점은 집주를 그대로 이어
받는 것이 아니라 주희의 경전주석에 대한 기본정신이었다. 이 점은
뒤에서 구체적으로 논하기로 한다. 이익은 경전에 대한 주석을 행하
면서 전체에 대하여 질서라는 이름을 붙였는데 질서 가운데『맹자질
서』를 가장 먼저 저술하였다.『맹자질서』서문에서,

주부자의 집주가 나오자 많은 주장들이 마침내 정해지고 해외로까
지 펴져서 모두 궤를 같이 하여 하나로 통일하였으니 훌륭하도다.[2]

라고 주자집주가 나옴으로써 모든 주장이 통일되었다고 높이 평가하
는 일면, 특히 호광 등이 편찬한 대전본이 여러 가지 주장을 취사선택

---

1)『星湖全書』4,『論語疾書』, 論語疾書序, 433쪽.
2)『星湖全書』4,『孟子疾書』, 星湖疾書孟子序, 491쪽

함에 일정한 근거가 없어서 대전본에 채록된 기존 주석서의 뜻이 사라지거나 왜곡되었기 때문에 『질서』를 저술하는 것을 그만둘 수 없다고 하였다.[3] 즉 이익이 『질서』를 저술하는 이유는 경학사에서 한 획을 긋는 주희의 집주가 후학들에 의해서 제대로 전수되고 있지 못하기 때문이라고 하였다.

그러나 이익이 질서를 저술하는 이유는 이 때문만은 아니며 유가경전이 주희의 집주로 모든 문제가 완전무결하게 해결 된 것으로 본 것은 아니었다. 그는,

> 『논어』가 그 의미가 매우 깊고 표현이 매우 간결해서 비록 성인의 말씀은 의미가 통하면 그것으로 끝내는 데도 앞뒤로 의미가 서로 연관성을 갖기 때문에 단번에 전체의 의미를 꿰뚫을 수 없다. 특히 『논어』는 『대학』이나 『중용』처럼 체계를 갖춘 것도 아니며 『맹자』처럼 부연설명도 없이 앞에 사연은 잘라버리고 결론만 적어 놓은 것이어서 비록 성인의 말씀이 의미가 통한다 해도 의문이 없을 수 없다.[4]

고 하였다. 비록 앞선 주석가들의 주석에 의하여 그 의미가 통하게 되었다 해도 경전을 읽는 각자가 의문을 가지는 것은 당연하다는 것이다. 스승의 설이라 할지라도 의문을 가지는 것은 당연하다고 하며,

> 스승을 섬김에는 숨김이 없어야 한다고 전한다. 아마도 (스승의 설에 대해서) 의문을 가지거나 반박하는 것을 금하지 않는다는 뜻이다. 아래에 있으면서 앞으로 나아가고자 하는 사람이 스스로 모르는 것이 없이 환연하다고 한다면 어리석은 자가 아니면 아첨하는 것이니 내가 실로 부끄러워하는 것이다.[5]

---

3) 『星湖全書』 4, 『孟子疾書』, 星湖疾書孟子序, 491쪽, "永樂胡廣輩, 起身蔑學, 去取無據, 使箋釋之義, 或未免湮埋轉譌, 則疾書之作, 胡可已也."
4) 『星湖全書』 4, 『論語疾書』, 論語疾書序, 433쪽.
5) 『星湖全書』 4, 『孟子疾書』, 星湖疾書孟子序, 491쪽.

라 하여 스승의 설에 대해 의문나는 점이나 반박하고 싶은 점을 숨기
고서 모두 다 아는 것처럼 하는 것을 성호는 부끄럽게 여긴다고 하였
다. 스승의 설에 대해 의문을 가지는 것이 후학의 당연한 일이며 앞선
사람의 주장을 따르기만 하고 자신이 스스로 연구하지 않는 것이 오
늘날 학자들의 잘못이라 하였다.[6] 이익은 후학들이 연구하는 자세를
다음과 같이 옹호하였다.

> 이런 까닭으로 정전을 구획하고 정삭을 세우는 것과 같은 것을 제멋
> 대로 하나의 설을 만들어서 나머지 뜻을 보충하였으니 주자도(정전과
> 정삭의 제도에) 의심을 둔 적이 있다. 의심을 두는 것은 언로를 여는 것
> 이다. 말이 맞지 않으면 죄는 그 말한 자에게 있는 것이니 집주에 무슨
> 손해가 되겠는가?[7]

정전제도나 정삭을 세우는 문제는 주희도 의심을 두었던 문제였고
역대로 수많은 說이 있어 왔다. 이에 후학들도 여기에 의심을 두어 나
름대로의 연구를 통하여 하나의 설을 제시하는 것은 주희의 방법과
같은 것이다. 이러한 의심을 두는 것이란 권위에 대한 손상이 아니라
후학들에게 언로를 열어주는 것이라고 적극적으로 옹호하였다. 설령
후학의 주장이 사실과 부합하지 않는다 하여도 그 죄는 후학에게 있
을 뿐 그것이 주희의 집주에 흠집을 내는 것은 아니라고 하였다. 이것
은 당시에 주희의 집주와는 다른 독자적인 연구를 죄악시하고 이설을
제시하지 못하도록 언로를 막는 풍토를 반박하고 이러한 경전주석 태
도는 곧 주희의 경전 해석 방법이 아님을 강조한 것이다.

이익은 자신이 제기하는 의문이란 종래의 주석 곧 주희의 주석서
밖에서 의미를 찾으려 한 것이 아니라, 주희의 제자들이 여러 가지 의

---

6) 『星湖全書』 4, 『孟子疾書』, 星湖疾書孟子序, 491쪽, "於是, 唯諾之風長, 考
　 究之習熄, 駁駁然, 至于無學, 則今之學者之過也."
7) 『星湖全書』 4, 『孟子疾書』, 星湖疾書孟子序, 491쪽.

문을 질문한 것처럼 자신의 의문에 대한 의견을 적어서 후대의 훌륭한 스승을 기다린다고 하였다.[8]

성호는 주희의 『논어집주』에 대해, 『논어』의 여러 분분한 해석을 하나로 정리하여 통일시킨 것이 주희의 『논어집주』이며 『논어』를 읽는 유일한 길잡이지만 이 『논어집주』를 연구하려면 먼저 주희가 이 주석서를 저술한 경전에 대한 정신을 이해해야 한다고 하였다.[9] 이 말은 성호가 『논어집주』라는 주석서 보다 그 주석서를 저술한 주희의 경전에 대한 기본적인 시각이 무엇인지를 알아야 하고 그래야만 공자가 『논어』를 저술한 취지를 미루어 알 수 있다는 의미다. 곧 『논어』에 대한 이해가 주희의 『논어집주』를 유일한 길잡이로 삼아야 된다고는 하였지만 주희의 해석만을 그대로 묵수하는 것은 주희가 취한 경전주석의 방법이 아니며 후인들에게 기대한 바도 아니었음을 다음과 같이 서술하였다.

주자는 이 주석을 쓸 때 먼저 옛 학설 가운데 수용할 만한 것은 수용하여 구태여 새로운 해석을 내리지 않았고, 역으로 시대에 따라 견해가 다른 것은 다른 것을 따르고 구태여 옛 것을 남겨두지 않았다. 또한 문하의 제자가 생각나는 대로 의견을 개진한 것도 조금이라도 뛰어난 것이 있으면 모두 채택하고 버리지 않았다. 이런 것으로 보아 주자의 마음이 천지처럼 광대하며 시대를 초월한 공정성을 가져서 털끝만큼도 얽매임이 없이 옳은 것만을 추구한 것이다. 그러므로 주석을 취사선택하던 당시 주자의 마음가짐과 분위기를 느낄 수 있다. 즉 아무리 부족한 사람의 견해일지라도 반드시 주의 깊게 들어서 올바른 해석이 있기를 기대하였으니, 잘못된 곳이 있으면 이를 저지하였다. 그리하여 모든 장점을 모아가지고 올바른 것을 파악하였으니 이것이 곧 주자요 곧 『논어집주』다.

그 문하의 제자들도 모든 것을 받아들이는 태도를 기뻐하여 숨김없이 의문점을 질문하였고 식견이 부족하다 하여 스스로 그만 두

---

8) 『星湖全書』 4, 『論語疾書』, 論語疾書序, 433쪽.
9) 『星湖全書』 4, 『論語疾書』, 論語疾書序, 433쪽.

지 않았다. 이는 저 위대한 학자로서의 교육방법이 그렇게 하였던 것이다.[10]

주희의 경전 해석의 기본적 입장은 다음과 같이 정리될 수 있다.

첫째, 옛사람의 학설 중에서 따를 만한 것은 그대로 따르고 새로운 해석을 내려고 하지 않았다. 둘째, 시대에 따라서 해석을 달리해야할 곳은 새로운 해석을 따르고 옛 해석에 집착하지 않았다. 셋째, 비록 제자들이 식견이 부족할지라도 개진한 의견이 뛰어난 점이 있으면 채택하고 버리지 않았다. 넷째, 여러 주석에서 장점을 취사선택하여 올바른 해석을 시도하려 하였다.

즉 천지처럼 넓은 마음으로 시대를 초월한 공정성을 기준으로 하여 어떤 것에도 얽매임이 없이 정확한 해석을 하려고 노력한 것이 주희의 경전해석 태도였다는 것이며 성호는 이러한 주희의 경전해석의 정신을 존중하였다.

이익은 주희의 경전주석의 기본정신을 존중하였지만, 구체적인 경전 주석에서는 주희의 정신에 따라 옳은 것을 찾기 위해 주희의 설도 당연히 취사선택의 대상이 될 수밖에 없다는 태도를 취하였다. 당시 조선사회에서 주희의 경전주석을 절대적으로 묵수할 것을 주장하는 풍토에 대하여 다음과 같이 비판하였다.

그러나 지금은 그 책은 존중하지만 그 (주자의 경전 주석) 정신은 잃었으며 그 글은 읽으면서도 그 뜻은 등지고 있다. 즉 깊이 생각하면 잘못이라고 하고 의문을 제기하면 주제넘다 하며, 부연 설명하면 쓸데없는 짓이라 하여 극히 곧이곧대로 규정하면서 모든 사소한 부분까지도 성역을 설정해 놓는데 힘써 둔한 사람과 총명한 사람을 구분할 수가 없게 되었으니, 이것이 어찌 옛사람이 뒤 사람에게 기대하는 바이겠는가? 가령 백 리 길을 가는데 한사람은 수레와 말을 갖추고 하인과 마부

---

10) 『星湖全書』 4, 『論語疾書』, 論語疾書序, 433쪽.

가 앞을 서서 하루 만에 당도하였고, 한 사람은 옆길을 찾아가면서 곤란을 겪은 뒤에 비로소 도달하였다고 하자. 만일 이들로 하여금 다시금 그 길을 가게 한다면 길을 찾아가면서 다닌 사람은 정확히 알아서 길잡이를 앞세우고 간 사람처럼 갈림길이나 네거리에서 헤매지 않을 것이다. 이럼으로써 옛 주석만을 그대로 지키는 것은 마음으로 체득하는 것이 아님을 알 수 있다.[11]

주희의 경전 주석을 그대로 따르는 것은 주희의 경전 해석 태도가 아니다. 그런데도 당시 조선에서는 성역을 설정하여 두고 의문을 제기하거나 새롭게 연구하면 곧 비판의 대상이 되었다. 주희의 주석을 그대로 따라 경전을 공부하면 쉽게 읽을 수 있으나 결국 마음으로 체득하지 못하여 자기의 것이 되지 못함을 비판하고, 스스로 새로운 길을 찾아가듯이 독자적인 경전해석을 중요시하였다. 그러나 이러한 독자적인 경전 주석도 결국 종래 주석의 범위 밖에서 의미를 찾는 것은 아니라는 것으로 자신의 독자적 경전 주석의 방향을 제시하였다.

이익은 위와 같은 경전주석에 대한 기본시각을 견지하면서도 서경에 대한 주석에는 각별히 신중한 자세를 취하였다. 서경에 대해 이야기하는 것은 가장 어렵다고 하고 그 이유는 시·서·역이 모두 오래된 경문이지만 서경은 시와 역에 비해서 일천년이나 더 오래되었기 때문이라고 하였다. 그래서 송유들도 서경 문자를 알지 못하였으니 그 본뜻을 정확히 알기를 바랄 수는 없다. 성호는 송유보다 오백년이나 뒤에 태어났으니 한·송대에 보지 못했던 뜻을 헤아리기를 바라는 이러한 이치는 없다고 하였다.[12] 서경은 알 수 없는 부분이 많기 때문에 그 해석이 되지 않는 부분은 공자가 말한 '吾猶及史之闕文'의 뜻에 따라 후세에 아는 사람이 나올 때를 기다려야 한다고 하였다. 채침의

---

11) 『星湖全書』 4, 『論語疾書』, 論語疾書序, 433쪽.
12) 『星湖全書』 1, 『書經疾書』, 書經疾書序, 614쪽.

『서집전』은 이런 면에서, 즉 잘 알 수 없는 부분에 대해서도 아는 것처럼 해석한 오류가 있다고 하였다.13) 성호는 논어에서 '아는 것을 안다고 하고 모르는 것을 모른다고 하는 것이 아는 것이다'라는 구절을 인용하고 나서 안다는 것은 무엇을 아는 지를 분명하게 알아야 할 뿐만 아니라 무엇을 모르는지도 분명하게 아는 것 이 두 가지를 분명하게 하는 것이 곧 안다고 하는 것이라 하였다. 모르는 것을 억지로 안다고 하는 것은 제대로 아는 것이 아니다. 그러므로 서경은 알 수 없는 부분이 많은 데에도 불구하고 서경에 대해서 이야기 하면서 모르는 것을 빼놓지 않는 것은 聖門에 부끄러운 일이라고 하였다. 이러한 서경 주석에 대한 입장 때문에 성호는 서경의 58편에 걸쳐서 주석을 하였지만 각 편 내에서 주석하지 않은 것도 상당한 부분에 이른다. 비록 서경의 뜻이 파악하기 어렵거나 불가능한 부분이 많지만 문자는 만대가 공통되는 것이고 '육예'의 문자가 또한 널리 살펴 방증하여 왕왕 통하는 수가 있다. 그래서 그는 상서를 주석하는 방법을 다음과 같이 서술하였다.

> 그 어맥이나 필세를 살피지 않고 오로지 理와 義만으로 판단하는 것은 그 작자의 뜻이 아니다. 그래서 내가 이 책을 저술함에 그 글자를 쫓아서 그 의미를 구하였다.14)

이것은 이익이 그 당시 문장의 맥락이나 글자의 의미를 소홀히 하고 무조건 의리를 기준으로 뜻을 해석하려는 풍토를 비판한 것으로 보인다. 이러한 당시의 풍토를 바로잡기 위해서 이익은 문장의 어맥과 필세를 중요시하였고 따라서 글자의 의미를 캐냄으로서 그 글의 뜻에 접근하는 방식을 취하고자 한 것이다. 그래서 이익은『서

---

13)『星湖全書』1,『書經疾書』, 書經疾書序, 614쪽.
14)『星湖全書』1,『書經疾書』, 書經疾書序, 614쪽. "若不審其語脈筆勢, 一以義里爲斷者, 要非其人之志也. 余之爲此書, 沿其文, 而求其意."

경질서』에서 어구의 해석이 상당히 중요하게 다루었으며 타 경전의 어구해석의 용례를 많이 인용하였다. 아울러 앞에서 언급한 것처럼 정전의 제도, 정삭의 문제 등을 고증하는 데 치중한 것을 볼 수 있다.

2. 『서경질서』의 체제와 상서 관련 저술

성호 이익은 유학 경전에 대한 자신의 주석서로서 사서삼경과 『심경』, 『근사록』, 『가례』, 『소학』 등 11종의 경전에 대해서 자신의 견해를 담아내었다. '질서'란 책을 읽고 사색하는 가운데 그때그때 떠오르는 생각을 잊지 않기 위하여 바로 바로 기록해 놓은 것이란 뜻이지만,[15) 그의 경학 주석서는 광범위하고 그 양에 있어서도 방대하다. 뿐만 아니라 그의 경전 주석서에 인용된 자료는 앞선 학자들의 것에 비해 방대하여 경전해석의 지평을 확대하는 기반이 되었다. 이익의 서경에 관한 저술은 『서경질서』에 집중적으로 나타나 있지만 그 이외에도 문집이나 『성호사설』에서 작지 않은 분량의 상서 관련 저술을 찾을 수 있다. 『서경질서』와 그 외의 상서 관련 저술들은 시간 선후로 하여 상호 관련되어 있는 것으로 보인다.

이익은 『서경질서』에서 『상서』 58편 중 「주관」편만을 제외한 전편에 걸쳐 주석을 붙였으며 대체로 내용이 난삽한 「반경」편과 「주서」의 고체에 대해서는 더 상세하게 주석을 붙이는 경향이 보인다.

---

15) 『星湖全書』 4, 『孟子疾書』, 星湖疾書孟子序, 491쪽, "疾書者何, 思起便書, 蓋恐其旋忘也."

『상서』·『서경질서』 편목비교

	상서	서경질서	금·고문	비 고
우서	堯典 舜典 大禹謨 皋陶謨 益稷	堯典 舜典 大禹謨 皋陶謨 益稷	今·古 今·古 古 今·古 (今文合於皋陶謨)	今伏生以舜典合於堯典無首28字 古梅賾闕舜典28字
하서	禹貢 甘誓 五子之歌 胤征	禹貢 甘誓 五子之歌 胤征	今·古 今·古 古 今·古	帝告·釐沃·湯征·汝鳩·汝方
상서	湯誓 中虺之誥 湯誥 伊訓 太甲 咸有一德 盤庚 說命 高宗肜日 西伯戡黎 微子	湯誓 中虺之誥 湯誥 伊訓 太甲 咸有一德 盤庚 說命 高宗肜日 西伯戡黎 微子	今·古 古 古 古 古 古 今·古 (今文三篇合爲一篇) 古 今·古 今·古 今·古	夏禮·疑至·臣扈·典寶 居明 肆命·徂后 沃丁·咸乂四篇·伊陟·原命· 河亶甲·祖乙
주서	泰誓 牧誓 武成 洪範 旅獒 金縢 大誥 微子之命 康誥 酒誥 梓材 召誥 洛誥 多士	泰誓 牧誓 武成 洪範 旅獒 金縢 大誥 微子之命 康誥 酒誥 梓材 召誥 洛誥 多士	古 今·古 古 今·古 古 今·古 今·古 古 今·古 今·古 今·古 今·古 今·古 今·古	 巢命 歸禾·嘉禾

無逸	無逸	今·古	成王政·浦姑
君奭	君奭	今·古	
蔡仲之命	蔡仲之命	古	
多方	多方	今·古	
立政	立政	今·古	
周官		古	賄肅慎之命·毫姑
君陳	君陳	古	
顧命	顧命	今·古	
康王之誥	康王之誥	今·古	
畢命	畢命		
君牙	君牙	古	
囧命	囧命	古	
呂刑	呂刑	古	
文候之命	文候之命	今·古	
費誓	費誓	今·古	
秦誓	秦誓		
		今·古	
		今·古	

전체 58편에 대해 모두 주석을 붙이면서 「주관」편에만 주석을 하지 않은 이유를 명시하지 않아서 제외한 이유를 알 수 없다. 나머지 전편에 대해서는 편차에 따라 어구에 대한 해석과 역사·지리·천문 등에 대해서 상세히 고증을 시도하였다. 박세당과 윤휴가 채침이나 주희의 주를 비판하면서도 공영달의 『상서정의』를 제한적으로 수용한 것은 그들의 한계로 지적되었다. 이에 비해 이익은 조선시대 상서주석서 중에서 최초로 『상서정의』를 직접적으로 수용함으로써 상서해석의 지평을 확대하였다. 아울러 이익이 상서주석을 하기 위하여 앞선 시대의 주석가들보다는 방대한 자료들을 이용하였다. 이는 그의 부친이 연경을 다녀오는 길에 구입해 왔다는 수천 건의 서적이 곧 성호의 경전 주석의 지평을 확대하는데 지대한 도움이 되었을 것이다. 특이한 것은 기존의 상서에 대한 주석서만이 아니라 『사기』「유림전」, 『한서』「예문지」 등을 인용하여 상서에 대한 문헌고증을 시도하였다는 점이다.

이익은 『서경질서』 외에도 문집 21권에서 상서에 관해서 별도의 항목을 설정하고 자신의 설을 붙인 저술들이 보이는데, 그 항목은 다음과 같다.

1) 「讀書傳」
2) 「朞三百註解」
3) 「日月日退遲速圖」
4) 「璣衡解」
5) 「治水辨」
6) 「洪範說」
7) 「朔望明魄辨」
8) 「論康王之誥」

『독서전』에서는 『사기』, 『한서』 「예문지」, 『상서정의』를 인용하여 금・고문상서에 대해서 고증을 시도하였다. 『朞三百註解』에서는 『서경』, 「요전」의 "朞三百 有六旬 有六日 以閏月 定四時 成歲"[16]에 대한 채침의 주를 日의 운행, 月의 운행, 閏月의 세 부분으로 나누어서 싣고 이에 대한 자신의 주석을 붙였다. 이것은 『서경질서』의 '朞三百' 주석과 완전히 일치한다. 상서에 관한 부분적인 저술을 하였던 것이 문집에 수록되었으며, 후일 서경에 대한 체계적인 저술을 하면서 이 부분은 『서경질서』 속에 포함시킨 것으로 보인다. 『성호사설』의 「경사문」 편에도 상서와 관련한 단편적인 저술이 보인다.

이익의 상서 관련 저술 목록

	편 명	제 목	권 수	비 고
文集	雜著	讀書傳	卷21	
文集	雜著	朞三百註解並圖	卷21	
文集	雜著	日月日退遲速圖	卷21	

---

16) 『書經』 卷1, 堯典.

文集	雜著	璣衡解	卷21	
文集	雜著	治水辨	卷21	
文集	雜著	洪範說	卷21	
文集	雜著	朔望明魄辨	卷21	
文集	雜著	論康王之誥	卷21	
文集	雜著	書金仁山歲差說後	卷22	
文集	序	書經疾書序	卷32	
僿說	經史門	三宅三俊	卷19	
僿說	經史門	仲康	卷19	
僿說	經史門	周公致辟	卷19	
僿說	經史門	費誓	卷21	
僿說	經史門	微子之命	卷21	
僿說	經史門	太甲篇	卷23	
僿說	經史門	呂刑	卷23	
僿說	經史門	甘誓弩戮	卷24	
僿說	經史門	其如台	卷25	
僿說	經史門	九族	卷26	
僿說	經史門	逸書	卷26	
僿說	經史門	尙書傳刑義	卷26	
僿說	經史門	武成二三策	卷27	

3. 『서집전』에 대한 비판과 『상서정의』의 수용

이익은 주희의 상서주석에 대해서는 대체로 수용하는 입장을 취한다. 『서경질서』에서 여러 차례에 걸쳐서 주희의 설을 인용하는데, 비판한 것은 보이지 않는다.

『상서』, 「강고」편 '亦惟君惟長 不能厥家人 越厥小臣外正 惟威惟虐 大放王命 乃非德用乂'[17]의 문장에 대해 채침과 주희의 해석이 아래와 같이 서로 달랐다.

---

17) 『尙書』 卷7, 康誥.

　　채침의 해석 : 君長인 康叔이 그 家人과 小臣 外正을 다스리고 가르
치지 못하고 재앙을 내리고 포학하게 하여 천자의 명을 폐기하였으니
덕으로 다스린 것이 아니다.[18)

　　주희의 해석 : 君長이 무능하여 그 家人과 小臣 外正이 백성들에게
재앙을 내리고 포학하게 하여 왕명을 따르지 않으니 덕이 아닌 것으로
다스린 것이다.[19)

이익은 양자의 해석의 차이에 대해서,

　　'亦惟君惟長' 一節은 주자의 정설이 있는데도 채침의 『서집전』이 따
르지 않은 것은 왜 그런가? 혹 미치지 못한 것인가? 이와 같이(주자설
과 같이) 해석한다면 '不能'을 구절로 삼아야 한다. '不能'이란 善하기
만 하고 君長으로서의 임무에 능하지 못한 것을 말한다. … 주자의 풀
이가 완전하다.[20)

라고 평하였다. 채침은 '亦惟君惟長 不能厥家人'에서 구절을 끊었지만
주희의 해석에 따른다면 '不能'을 앞으로 붙여서 '亦惟君惟長不能' 구
절을 끊어야 한다는 것이다. 이 경우 채침은 '不能'이 '家人'과 '小臣'
을 다스리고 가르친다는 의미였지만, 주희의 경우는 군장이 무능하다
는 의미로 해석하였다. 이런 채침과 주희의 해석의 차이에 대해서 이
익은 주희의 설이 완전한데도 주희의 명을 받아 『서집전』을 찬술한
채침이 주희의 설을 따르지 않는 이유는 무엇인가? 하고 반문하였고
그 수준에 미치지 못한 때문이라고 판단하였다.

---

18) 蔡沈, 『書集傳』 卷7, 康誥, "君長指康叔而言也. 康叔而不能齊其家, 不能訓
　　其臣, 惟威惟虐, 大廢棄天子之命, 乃欲以非德用治."
19) 蔡沈, 『書集傳』 卷7, 「康誥」, "朱子曰, 乃非德用乂. 言汝若寬縱, 則小臣外正,
　　皆得爲威虐, 汝之爲此, 欲以德乂民, 而實非德也."
20) 『星湖全書』 3, 『書經疾書』, 康誥, 256쪽.

「대고」편의 '天閟毖 我成功所 予不敢不極卒寧王圖事 肆予大化誘我
友邦君 天棐忱辭 其考我民'[21]에 대해서 채침은,

> 閟는 막혀서 통하지 않는 것이다. 毖는 어렵고 쉽지 않은 것이다. 하
> 늘이 막아서 어렵게 하여 나라에 어려움이 많은 것이 곧 우리가 성공
> 할 것이라는 것을 말한다. 우리가 무왕이 도모한 일을 끝까지 마치지
> 않을 수 없다. 化는 그 고루하고 막힌 자들을 변화시킨다는 것이다. 誘
> 는 그 순종하는 자들을 인도한다는 것이다. 棐는 돕는다는 것이다. 寧
> 人은 무왕의 대신인데 당시에 무왕을 寧王이라 하였다. 그래서 무왕의
> 대신을 寧人이라 하였다. '백성들 중 현명한 사람 열 명이 정벌을 할 수
> 있었다'는 것이 이들이다. 하늘이 성실한 사람을 돕는다는 말은 백성들
> 에게서 살펴보면 알 수 있다.[22]

라고 해석하였다. 채침은 棐를 돕는다는 의미로 풀이하였고 본문을
'肆予大化誘我友邦君 天棐忱辭 其考我民'로 끊어서 해석하였다. 이에
대하여 성호는 다음과 같이 주희의 설을 인용하여 채침의 해석을 비
판하였다.

> 語類에 匪와 棐는 통한다고 하였는데 天棐忱辭를 하늘은 믿을 수 없
> 다고 해석한다면 그 뜻이 통하기 어렵다. 주자의 뜻은 '肆予大化' 이하
> 13자를 한 구절로 하여 '天棐忱辭'는 곧 友邦君이 卜의 吉한 말을 믿지
> 않는다는 뜻으로 본 것 같다. 그래서 성왕이 크게 교화하고 인도한 것이
> 다. 이미 師門의 정설이 있는데도 채침의 전이 따르지 않은 것은 무
> 엇 때문인가?[23]

---

21) 『尙書』 卷7, 大誥.
22) 蔡沈, 『書集傳』 卷7, 大誥, "閟者否閉而不通. 毖者艱難而不易. 言天之所以
否閉艱難, 國家多難者, 乃我成功之. 所在我, 不敢不極卒武王所圖之事也. 化
者化其固滯. 誘者誘其順從. 棐輔也. 寧人武王之大臣, 當時謂武王, 爲寧王.
因謂武王之大臣, 爲寧人也. 民獻十夫, 以爲可伐, 是. 天輔以誠信之辭, 考之
民而可見矣."
23) 『星湖全書』 3, 『書經疾書』, 大誥, 253쪽.

우선 채침이 '天棐忱辭'를 별도의 구절로 끊은 것을 주희는 앞의 구절에 붙여서 '肆予大化誘我友邦君 天棐忱辭'를 한 구절로 하였다. 또 '棐'를 채침이 돕는다고 풀이한 것과 달리 어류에서 '棐'를 '匪'자로 해석하여, 이 구절을 성왕이 점친 것이 길하다는 말을 믿지 않는 우방의 제후들을 교화하고 인도하였다는 뜻으로 풀이하였다. 그리고 이러한 스승의 정설이 있는데도 불구하고 채침이 스승의 설을 따르지 않음을 비판하였다.

「탕고」편의 '惟皇上帝 降衷下民'에 대해서는,

> 주자가 총명하고 예지가 있어 본성을 다하는 자가 그 사이에 태어나면 하늘은 반드시 명하여 억조의 君師로 삼는다.[24]

라는 주희의 설을 인용하여 '降衷下民'이 이와 같은 것이라고 하였다. 그 외에도 천문에 관한 것을 비롯하여 사실 고증에서 주희의 설을 인용하였다.

이익은 주희의 설을 몇 차례 인용하여 상서의 해석을 시도하였고 채침이 주희의 설을 수용하지 못한 것에 대해서 비판하고 의문시하였다.

이익은 채침의 『서집전』에 대해서는 매우 비판적이었다. 그가 『서경질서』를 찬술한 것이 『서집전』에 대한 불만에서 비롯한 것임을 여러 곳에서 암시적으로 표시한다. 채침에 대한 비판은 우선 『서집전』을 저술할 것을 명하고 상서를 가르친 스승 주희의 설을 따르지 않았다는 것에 대하여 다음과 같이 비판하였다.

> 구봉(채침의 호)은 스승의 문하에서 직접 (상서를) 배우고서도 다시 이렇게 상세하게 논한 것은 무슨 이유인가? 반드시 가려서 알아야 할 것이다.[25]

---

24) 『星湖全書』 3, 『書經疾書』, 湯誥, 199쪽.

이미 師門의 定說이 있는데도 채침의 전이 따르지 않은 것은 왜인 가?26)

채침은 스승의 가르침을 이어받아서 『서집전』을 저술하였으면서도 스 승의 설을 수용하지 않은 것을 비판하였다. 또한 『서집전』 서문에서는,

> 二典과 禹謨는 선생이 시정한 적이 있으며 수택이 아직도 새로우니, 아 애석하도다. 『집전』은 본래 선생이 명하신 것이다. 그래서 선생의 설을 인용한 것을 별도로 구별해 놓지 않았다.27)

라고 하여 『서집전』이 곧 주희의 주석이기도 한 것이므로 채침이 스 승의 설과 자신의 설을 구분하지 않았다고 하였다. 그러나 성호가 보 기에 채침의 『서집전』은 주희의 설을 충실하게 반영하지 못하여 부족 한 것이 많으며 심지어는 스승의 훌륭한 주석이 있음에도 불구하고 이를 따르지 않고 자신의 다른 주장을 편 곳도 있었다. 곧 채침의 이 런 점이 『서경질서』를 저술하는 동기가 되었음을 『서경질서』 곳곳에 서 볼 수 있다.

이익은 『서집전』에서 채침이 주석한 내용에 대해서 직접적인 비판 을 가하고 거기에 대하여 大全本의 주석을 제시한다. 「익직」편의 '戞 擊鳴球 搏拊琴瑟'28)에서 채침은 '搏'을 '至'의 뜻으로 해석하였다. 이 에 대해 이익은,

> 字書에서도 搏을 至로 해석한 것은 없고, 문장의 뜻으로 보아서도 그렇게 할 필요는 없다. 왕씨가 말한 搏은 擊과 같다고 한 것이 더 타 당한 것 같다.29)

---

25) 『星湖全書』 3, 『書經疾書』, 泰誓, 221쪽.
26) 『星湖全書』 3, 『書經疾書』, 大誥.
27) 蔡沈, 『書集傳』, 書集傳序.
28) 『尙書』 卷2, 益稷.

고 비판하였다. 「감서」편의 '威侮五行 怠棄三正'[30]에서 이익은,

> 오행은 함부로 하고 업신여길 수 있는 것이 아니다. 三正은 일시에
> 행할 수 있는 것이 아니다. 三正을 소홀히 하여 버린다면 시행한 것은
> 무엇인가? 내 생각으로는 오행은 진씨가 말한 五常에 가까우니 三正은
> 三綱으로 말해야 한다.[31]

라고 하여 채침의 주석은 제외해 버리고 대전본의 다음과 같은 진씨
의 설을 인용하였다.

> 陳氏大猷는 五常의 도를 어기는 것과 나서 자라고 거두고 갈무리하
> 는 이치를 어기는 것이 모두 오행을 함부로 하고 업신여기는 것이다.[32]

이익은 진씨의 설을 따라서 五行은 五常이고 三正은 三綱으로 보아
야 한다고 해석하였다. 위의 예에서 본 바와 같이 이익은 채침의 주석
을 비판하고 대안으로 대전본의 세주를 인용하기도 하며 경우에 따라
서는 채침의 전을 제외해 버리고 곧바로 대전본의 설을 따르기도 하
였다. 대전본은 경문 아래에 채침의 주를 싣고 그 아래 세주를 부기해
놓은 것으로 상서해석에서 채침주를 위주로 한 주석본이다. 이익은
『서경질서』에서 대전본의 세주를 채침의 『서집전』과 동등한 위치에
두고 자신의 견해에 따라 취사선택한 것이다. 이것은 이익이 상서에
서 채침의 전만을 고집하던 것에서 탈피하여 독자적인 주석 체계를
세우기 위한 하나의 방법이었다. 이러한 방법은 박세당이 상서에 대
한 독자적인 주석을 시도하면서 취한 방법이기도 하다.

고려 말에 채침의 『서집전』이 전래되고 세종년간에 『서집전대전』

---

29) 『星湖全書』 3, 『書經疾書』, 益稷, 183~184쪽.

30) 『尚書』 卷3, 甘誓.

31) 『星湖全書』 3, 『書經疾書』, 甘誓, 192쪽.

32) 胡廣, 『書集傳大全』, 甘誓.

이 전해짐으로서 조선시대에는 채침의 『서집전』이 상서정의의 자리
를 대신하게 되었다. 조선 초기 권근의 『서경천견록』 이래로 많은 상
서주석서는 모두 『서집전』만을 위주로 하였고 『상서정의』에 대해서
는 부분적으로만 인용되었다. 채침에 비판적이었던 윤휴나 박세당에
이르러 채침의 상서주석에 대한 비판과 그 대안으로서 『상서정의』가
수용되지만 이들에게 있어서도 『상서정의』의 인용은 부분적으로만
이루어진 한계가 있다. 그러나 성호에 이르러서는 비로소 『상서정의』
의 주석을 수용함으로써 상서 이해의 또 다른 지평을 여는 것이 가능
하였다.

이익의 서경 주석서인 『서경질서』에서 『상서정의』를 직접 인용하
면서 '舊註' '古註' '舊疏' '鄭注' '孔傳' '孔氏'란 명칭을 사용하는데,
여기서 '구주' '고주' '공전'이란 『고문상서』의 공안국전을 가리키는
것이고 '구소' '공씨'는 당의 공영달 소를 말하는 것이다. 정주라고 표
기된 것은 공안국전을 가리키기도 하고 공영달의 주소의 문장을 인용
할 때 쓰이기도 한다.

이익은 『상서정의』에 대해서 다음과 같이 이해하였다.

> 正義에 이르기를 '주공이 왕의 정치를 섭정한 적이 있는데 다시 신
> 하의 지위에 있게 되자 (소공이) 불쾌하게 생각한 것이다'고 하였다. 정
> 의란 정현이 지은 것이고 공씨가 인용한 것이니 공씨의 설이 아니다.[33]

『상서정의』는 당대에 칙령에 의해서 편찬된 것으로 『고문상서공안
국전』에 공영달이 소를 붙인 것이다. 위 인용문에서 앞부분의 상서정
의를 인용한 것은 공영달의 소의 내용이다. 이익은 공영달 소의 내용
이, 정현의 설을 공영달이 인용한 것으로 파악하였다. 따라서 공영달
의 소는 정현의 저술이라고 판단해서 공영달 소의 일부분을 '정주'라

---

33) 『星湖全書』 3, 『書經疾書』, 君奭, 271쪽.

는 표현으로 인용하기도 하였는데 그 구체적인 근거는 제시하지 않았다.[34]

　성호가 서경 주석에서 『상서정의』를 인용하여 새로운 주석을 붙이는 방식은 채침전을 제외해 버리고 『상서정의』의 주석으로만 대체하기도 하고, 채침의 주가 없는 곳에는 공안국의 주석으로 해석하기도 하였다. 또한 채침의 『서집전』과 호광의 『서집전대전』, 『상서정의』를 비교하여 『상서정의』의 주석이 더 합리적이라고 하여 채택하기도 한다.

　서경에는 '其如台'라는 구절이 세 곳에 나오는데 채침의 『서집전』과 『상서정의』의 주석이 서로 다르다.

　　　　가) 我王來 旣爰宅于茲. 重我民 無盡劉. 不能胥匡以生 卜稽 曰其如台[35]
　　　　　　書 集 傳 : 此地無若我何
　　　　　　尙書正義 : 其如我所行

　　　　나) 民有不若德 不聽罪. 天旣孚命 正厥德 乃曰其如台[36]
　　　　　　書 集 傳 : 其如我何
　　　　　　尙書正義 : 其如我所言

　　　　다) 今我民罔弗欲喪. 曰天 曷不降威 大命不摯 今王其如台[37]
　　　　　　書 集 傳 : 其無如我何
　　　　　　尙書正義 : 其如我所言

---

34) 『尙書』君奭편의 書序에서 '召公不說'에 대한 공영달 소에서 정현의 설이라는 표시 없이 '正義曰 周公嘗攝王之政 今復在臣位 其意不說'이란 부분에 대해서 正義는 정현이 지은 것이고 공영달이 인용한 것이므로 공영달의 설이 아니다라는 전제를 하고 이 문장을 정현의 것으로 파악하였다. '正義曰' 아래에 이어지는 문장은 또 공영달의 것으로 보았다. 성호가 '正義曰'이란 표현 아래에 이어지는 문장을 앞부분을 정현의 글이라 하고 뒷부분은 공영달의 것이라고 판단한 근거는 제시하지 않았다.

35) 『書經』卷5, 盤庚上.

36) 『書經』卷5, 高宗肜日.

37) 『書經』卷5, 西伯戡黎.

가)의 내용은 은왕 반경이 천도를 반대하는 백성들을 설득하기 위하여 말한 내용이다. 우리 선왕들이 이곳에 살려던 것은 우리 백성들을 중하게 여긴 것이며 모두 죽이려는 것이 아니다. 그러나 백성들이 서로 구하여 살지 못하자 점을 치니 그 점괘가 '其如台'였다는 것이다.

여기에서 채침은 지금 살고 있는 이 땅은 우리와 아무런 인연이 없는 곳이란 뜻으로 풀이하였다. 이에 대하여 『상서정의』에서는 "내가 가려고 하는 곳과 같다"라는 뜻으로 풀이하였다. 이 구절에 대해서 성호는 채침의 주석을 전혀 언급조차 하지 않고 다만,

其如台 鄭注云其如我所行 台卽盤庚自謂[38]

라고만 하였다. 채침은 논의에서 제외하고 『尙書正義』의 정현의 설을 취하였다. '台'는 '我'라는 뜻인데 정현 주에서는 '台'를 盤庚을 가리키는 것으로 보았다는 것이다. 이에 대해 성호는 은나라에서는 선조나 신에게 고할 때에는 '我'를 '台'로 표현하였고 본문에서 '卜之'는 종묘에서 점친 것이라고 하였다. 따라서 여기서 '台'는 선조들이 자칭한 것으로 봐야 한다는 것이다. 그래서 '其如台'를 '如我所行'으로 해석하는 것은 정현의 『상서정의』와 같지만 '我'가 가리키는 것이 조상을 뜻하므로 '其如台'는 "너희들이 천도하고자 하는 곳이 내가 이미 전에 가고자 했던 곳과 같다"라는 뜻으로 풀이하였다.[39] 『상서정의』의 설을 인용하고 거기에 성호의 독자적인 해석을 가한 것이다. 나머지 나), 다)에 대한 주석에서도 채침의 설은 제외하고 다만,

其如台 舊注乃復曰 其如我所行[40]

38) 『星湖全書』 3, 『書經疾書』, 盤庚上, 205쪽.
39) 『星湖全書』 3, 『書經疾書』, 盤庚上, 205쪽.

이라고만 하여 『상서정의』의 주석을 그대로 취할 뿐이었다.

이익은 위에서 말한 바와 같이 『상서정의』와 『서집전』을 상호 비교하여 『상서정의』의 설을 합리적인 것으로 채택한 것이 많다.

　가) 格保 孔傳至於保 比蔡傳爲順[41]

　나) 仵嚮 蔡傳使百工知上意嚮 嚮恐非知意嚮之義 不若從舊注 使臣下各嚮就有官[42]

　다) 經歷 舊注不能經久歷遠 陳氏曰 成王經歷 未爲深 以文勢考之 前說差長[43]

위에서 가), 나) 채침의 『서집전』과 『상서정의』를 비교하여 '채침에 비해 순리적이다' '구주를 따르는 것만 못하다'고 하였으며, 다)는 『상서정의』와 대전본 세주를 상호 비교하여 '구주의 설이 조금 낫다'고 한 것이다.

그 밖에도 이익은 새로운 상서해석을 시도하기 위하여 많은 경전을 인용하는데, 그 인용 범위가 윤휴나 박세당과는 비교되지 않을 정도로 다양하다.[44] 특기할 것은 『장자』를 인용한다는 점이다.[45] 또 王魯齋와 김인산을 인용하여 주나라에 항복의 예를 행한 것이 무경이지 미자가 아니라는 사실을 고증한다.[46] 이 부분에 대한 것은 윤

---

40) 『星湖全書』 3, 『書經疾書』, 高宗肜日, 216쪽.

41) 『星湖全書』 3, 『書經疾書』, 召誥, 263쪽.

42) 『星湖全書』 3, 『書經疾書』, 洛誥, 265쪽.

43) 『星湖全書』 3, 『書經疾書』, 君奭, 271쪽.

44) 이익의 『서경질서』에 인용된 서목은 『예기』, 『춘추』, 『주역』, 『맹자』, 『논어』, 『대학』, 『중용』, 『사기』, 『죽서기년』, 『국어』, 『장자』, 『초사』, 『주자어류』, 『효경』 등이다.

45) 『星湖全書』 3, 『書經疾書』, 泰誓上, 221쪽.

46) 『星湖全書』 3, 『書經疾書』, 微子, 219쪽.

휴의 『독서기』에서도 사실 고증을 위하여 김인산의 설을 인용하였
는데,

> (채침의) 전이 춘추의 逢伯이 말한 것에 의거하여 손을 뒤로 묶고 구
> 슬을 무는 것(항복의 예)을 미자의 일로 여겼다. 김인산은 손을 뒤로 묶
> 고 구슬을 문 것은 무경이지 미자가 아니다. 미자는 간한 것이 행해지
> 지 않자 떠나버린 것이지 주나라에 간 적이 없다. 武王이 무경을 토벌
> 하고 나서 미자를 찾아서 은의 뒤를 잇게 하였다고 설명하였다. 전인이
> 밝혀내지 못한 것을 밝혀내었으며 성현의 마음을 보았다고 이를 만하
> 다. 인산의 일을 논하려면 반드시 이 점을 살펴야 한다.[47]

라고 하였다. 항복의 예를 행한 것은 미자가 아니라는 사실 고증에서
채침을 비판하고 김인산의 설이 정확할 뿐만 아니라 앞사람들이 밝혀
내지 못한 것을 밝혀낸 것이라고 평가하고 인산의 설을 논함에는 반
드시 이 부분의 사실고증을 평가해주어야 한다고 했다. 성호 역시 이
부분에 대해서 다음과 같이 언급하였다.

> 왕노재 김인산 제유는 모두 손을 뒤로 묶고 구슬을 무는 것(항복의
> 예)을 무경이지 미자가 아니다라고 하였다.[48]

이것은 윤휴, 박세당, 이익에 걸쳐서 조선 후기 상서의 주자학적 해
석에서 벗어나 새로운 해석 체계를 세우려 한 학풍에 남송·원초에
이르는 주희와는 다른 해석을 시도한 北山學派의 영향이 있었음을 확
인해주는 것이라 할 것이다.[49]

---

47) 『白湖全書』下 권41, 『讀尙書』, 微子, 1653~1654쪽, "傳据左氏以逢伯所言,
   面縛嗺璧爲微子事. 金仁山以爲面縛嗺璧武庚也, 非微子也. 微子諫, 不行, 面
   去之, 未嘗適周. 武王旣討武庚, 求微子而紹殷後, 可謂發前人之所未發, 而有
   見於聖賢之心. 論仁山之事者, 必宜考於是."
48) 『星湖全書』3, 『書經疾書』, 微, 219쪽.
49) 王柏(1197~1274) : 자는 伯會 호는 魯齋이며, 남송말의 경학가로 黃榦의

또 하나 특기할 점은 성호가 상서를 주석함에 중국의 주석서나 중국학자들을 많이 인용하였으나 조선의 서애 유성룡의 설을 인용하였다는 점이다. 『상서』「낙고」편에서 '復子明辟'이라는 구절에 대한 해석을 두고 『상서정의』와 채침의 설이 서로 달랐으며 이것은 후대에도 신하가 왕위에 오를 수 있다는 근거를 제공하는 문제가 되어 많은 논란을 일으켰다. 『상서』「낙고」편의 다음 구절에 대하여 『상서정의』와 채침의 설이 서로 다른 점을 비교 분석하였다.

周公拜手稽首曰 復子明辟50)

여기에 대해서 『상서정의』는 '朕復子明辟'을 '주공이 그대(子 : 成王)에게 명군의 정치를 돌려 드립니다'로 해석하였다. 이렇게 해석하면 무왕이 왕위에 올라 정치를 하다가 성왕에게 정권을 돌려주었다는 의미로 해석된다. 이러한 의미로 해석하면 뒷날 한의 왕망과 같은 자들이 왕위를 넘보는 구실을 만들어 준다고 채침은 『상서정의』의 해석을 비판하였다. 그래서 채침은 이것을 '그대 명군에게 (점괘를) 보고합니다'라고 해석하였다. 이른바 '復'자를 '돌려주다'로 해석할 것인가 '보고하다'로 해석할 것인가 하는 해석상의 문제인데 이것이 후일 군신 간의 정권 다툼의 빌미로 작용하게까지 되었다는 것이다. 성호는 이 문제에 대해서 유성룡의 '周公負成王朝諸侯辨'51)이란 글을 인용하여

제자인 何基를 사사하였으며 何基·金履祥·許謙과 함께 北山四先生으로 일컬어졌다. 그는 『詩經』, 『尙書』에 대해 의문을 제기한 『詩疑』, 『書疑』를 지었으며 주희가 주해한 사서에 대해서도 의문을 가졌다.
金履祥(1232~1303) : 자는 吉父 호는 次農이며 송말 원초의 학자로 王柏에게서 배웠다. 仁山아래 은거하여 仁山先生이라 하였다. 왕백의 疑經精神을 계승하였으며 상서에 대한 저술로는 『尙書注』, 『尙書表注』가 있다 (崔錫起, 『中國經學家事典』, 25·121쪽).
50) 『尙書』 卷8, 洛誥.
51) 『西厓先生文集』 卷15, 雜著·周公負成王朝諸侯辨.

다음과 같이 주석하였다.

> 서애 유선생이 주공이 성왕을 저버리고 제후의 조회를 받고 대리로 왕의 자리에 올랐다는 거짓말을 판별하였다. 그는 다음과 같이 말하였다. 바람 불고 천둥치는 변을 당하자 왕과 대부들이 모두 변을 쓰고 금등을 열어보고 나서 직접 교외에 나아가서 (주공을) 맞이하였다. (시경의) 「閔予小子」, 「訪落」 등과 같은 것은 모두 성왕이 상복을 벗고 종묘에 알현하고 군신들을 만날 때에 한 행위이다. 만약 성왕이 어렸다면 이와 같은 행동이나 말이 어디에서 나올 수 있겠는가? 이것이 또한 復子明辟의 한 증거이니 그래서 기록해둔다.[52]

서애 유성룡이 주공이 성왕을 저버리고 제후들의 조회를 받고 임시로 왕위에 올랐다는 거짓을 가려내었다. 「금등」에서 보듯이 성왕이 교외에 나아가 주공을 맞이하고 「민여소자」, 「방락」 등에서 군신들을 만나보는 행동이나 말은 어린 사람으로는 할 수 없다. 그러므로 당시 성왕의 나이가 어리지 않고 친정을 할 수 있었다는 설을 증명하기 위하여 유성룡의 글을 인용하였다. 성호는 유성룡의 이 글이 '復子明辟'을 해석하는 주요 증거가 되므로 자신의 저서인 『서경질서』에 기록해 둔다고 하였다.

4. 상서에 대한 문헌고증적 접근

이익 이전에 윤휴나 박세당의 상서학은 경전의 내용에 대한 분석과 고증을 중심으로 이루어졌지만, 이익은 상서 자체에 대한 문헌 고증

---

52) 『星湖全書』 3, 『書經疾書』, 洛誥, 264~265쪽. "西厓柳先生, 辨周公負成王, 朝諸侯, 及其攝踐阼之誣. 其言曰, 其遇風雷之變 王與大夫盡弁 啓金縢 親出郊迎之. 如閔予小子訪落等, 皆成王免喪朝廟延訪群臣所作. 如使成王果稚弱. 此等擧措言語, 何自而出也. 此亦復子明辟之一證, 故錄之."

적인 분석을 시도한다. 경학이 경전에 대한 올바르고 정확한 해석을 시도하는 것이라면 당연히 경전 그 자체에 대한 문헌고증적인 검토가 선행되어야만 하겠으나, 성호 이전의 상서주석서 어느 것에서도 이러한 접근을 시도한 것은 찾아 볼 수 없다. 이익의 상서에 대한 문헌 고증적인 접근은 다산에 이르면 보다 본격적인 수준에 이른다.

다산의 상서에 대한 저술은 『매씨서평』과 『상서고훈』이란 두 책으로 나누어진다. 『매씨서평』은 상서에 대한 문헌고증적인 저술(주로 위서 문제에 대한 것)이고, 『상서고훈』은 상서의 내용에 대해 독자적으로 주석을 붙인 것이다. 이익의 상서에 대한 문헌고증적인 접근은 그 내용이나 양에서 대단히 소략하지만 다산의 상서에 대한 문헌고증에 선행한 업적이란 점에서 그의 상서학의 특징으로 평가할 수 있다.

이익의 문집에 수록되어 있는 『독서전』은 채침의 『서집전』에 대한 독기로서 저자의 서경관이 잘 드러나 있는,53) 짧은 글이다. 여기에서는 상서의 형성과 전래상의 문제점에 대하여 문헌고증을 시도한다. 문헌 고증을 위하여 이용된 서목은 『한서』 「예문지」, 『사기』 「유림전」, 『상서정의』의 공안국 서문, 『예기』, 『국어』, 『좌전』, 『맹자』 등이다. 특히 『상서정의』에서 상서의 전래에 대한 공안국의 글을 많이 인용하였다.

공안국이 『상서정의』 서문에서, "공자가 당우에서 끊어서 아래로 주에 이르기까지 번거롭고 혼란한 것은 제거하고 그 중요한 것만을 모아서 후세에 남겨 가르침으로 삼을 만한 것이 모두 백 편이다"라고 한,54) 상서 편찬에 관한 역사적인 내력을 인용하고 이것을 통해 볼 때 공자 이전에는 상서가 백편만이 아니었으며 秦나라의 병화에 산실되고도 지금 남은 것이 거의 반이나 된다고 하였다. 그런즉 예로부터 유자들이 상서는 전해지지 않는 것이 많다는 설에 대해 부정적 입장을

---

53) 임형택, 1993, 「解題」, 韓國經學資料集成 49, 성대대동문화연구원.
54) 孔安國, 『尙書正義』, 尙書序.

취하였다.55)

금문상서와 고문상서의 전래에 대해 공안국이 공자의 구택에서 나온 벽간서를 복생에게서 들은 것(금문)으로 문의를 살펴보니 더 많았는데 서를 합하여 59편이었다. 그 나머지는 뒤섞여 혼란되고 마멸되어 알 수 없는 것이었다56)고 한데 대하여 다음과 같이 반론을 제기하였다.

> 벽간서가 한 무제 때에 나왔는데 진과는 멀지 않은데도 마멸되어서 알 수 없다고 하였다. 뒤에 제 명제 때에 姚方興이 大航頭에서 찾아서 바쳐서 비로소 「태서」의 白魚火鳥라는 근거 없는 내용을 가려내었다. 제는 한무제 때에서 몇 백년이나 떨어졌을 뿐만 아니라 습한 곳에 보관하였는데 도리어 마멸의 환난을 면할 수 있었단 말인가?57)

姚方興의 『상서』 「태서」편이 한 무제보다 몇 백 년 뒤에 나타났고 습한 지역에서 나왔는데도 마멸되지 않았다면, 그보다 이전에 발견된 벽 사이에 보관되었던 상서가 마멸되어 알 수가 없다는 것은 신빙성이 없다는 것이다. 이익은 벽간에 보관 된 상서 편수가 백 편이 되지 못하였을 것이란 결론이다.58)

후한의 조기가 『맹자』에 주석을 붙이면서 서경을 인용한 문장에 대해서는 일서라고 주석하였다. 그런데 상서 안에 그 문장이 있음에도 불구하고 조기가 일서라고 주석한 이유는 한대의 공안국이 주석한 상서가 전해지지 않다가 齊와 晉 사이에 비로소 나타났기 때문이라고 하였다. 이러한 것은 조기주의 『맹자』뿐만이 아니라 정현의 『예기』주, 위소의 『국어』주, 두예의 『좌전』주에서 모두 동일한 것이었다.59)

---

55) 『星湖全書』 1, 「讀書傳」, 405쪽.

56) 孔安國, 『尙書正義』, 尙書序.

57) 『星湖全書』 1, 「讀書傳」, 405쪽.

58) 淸의 閻若據가 『古文尙書疏證』에서 매색의 『古文尙書孔安國傳』이 僞作임을 고증하였다.

한대에 공안국의 상서주석서가 무고의 일로 세상에 전해지지 않다가 제와 진사이에 나타났는데, 공안국의 주석서가 전해지지 않던 시기에 경전주석을 한 정현을 비롯한 주석가들이 이를 보지 못했기 때문에 일서라고 했다는 것이다. 여기서 공안국전이 제와 晋사이에 나타났다고 하였는데 제나라 때에 나타난 것은 요방홍이 찾은 것이며 晋나라 때에 나타난 것은 매색이 『고문상서공안국전』이라고 하여 조정에 바친 것을 말한 것이다. 매색이 바친 『고문상서공전』은 지금의 서경과 동일한 것이지만 이 책은 위작임이 밝혀졌다. 다산이 저술한 『매씨서평』에서도 이 책이 위작임을 밝혔으나 이익은 상서의 위서 논의에 대해서는 언급한 바 없다.

이익은 「주고」에서도 주희의 설과 『한서』 「예문지」를 인용하여 상서의 전래와 금문 고문에 대한 문헌고증을 시도하였다.[60] 성호는 매색의 고문상서 위작에 대해서는 언급이 없고 오히려 「주고」에서 문헌고증을 하는 가운데 매색의 위고문을 인용하였다.

한대의 양자운은 「주고」는 일단 비워둔다(俄空) 한 것에 대해서 주희는 공안국의 서경이 무고의 일로 해서 전해지지 못하였기 때문에 한나라의 유자들이 보지 못한 자가 많다고 하였다. 그래서 양자운이 「주고」를 일단 비워둔다고 했다는 것이 주희의 해설이다.[61] 이에 대해 성호는 의문을 제기하였다. 공안국의 서경이 전해지지 못했다면 복생이 전한 금문상서 이외에는 서경에 대해서 모두 볼 수가 없었을 것인데 오직 「주고」만 볼 수 없었겠는가?라고 반문한다.[62] 더욱이

59) 『星湖全書』1, 「讀書傳」, 405쪽.

60) 『星湖全書』3, 『書經疾書』, 酒誥, 259쪽.

61) 蔡沈, 『書集傳大全』卷7, 酒誥, “徐孟寶問, 楊子雲言, 酒誥之篇俄空焉. 答曰, 孔書以巫蠱事, 不曾傳, 漢儒不曾見者多, 如鄭康成晉杜預皆然, 想楊子雲亦不曾見.”

62) 『星湖全書』3, 『書經疾書』, 酒誥, 259쪽. “若然 伏生所傳之外 皆不得見 何獨酒誥.”

「주고」는 금문·고문이 모두 있으니 금문상서의 「주고」는 볼 수 있었는데 고문상서가 전해지지 않아서 「주고」를 보지 못했다는 주희의 해설은 이해될 수 없는 것이라는 것이 성호의 비판이다.[63]

이어서 공안국의 고문상서를 한나라 유자들이 보지 못했다는 점과 공안국의 상서가 전해지지 않았다는 주희의 설에 대해 『한서』「예문지」를 들어서 반박하였다.[64] 한대의 모든 유자들이 서경을 인용한 것은 모두 구양·대하후·소하후의 금문상서에서 나왔다. 그러므로 양자운도 금문상서를 보았을 것인데 「주고」를 보지 못해서 일단 비워둔다고 한 것은 무엇인가? 여기에서 성호는 『한서』「예문지」에서 그 답을 찾는다. 성호가 石林葉氏[65]를 인용해서 제시한 『한서』「예문지」의 내용은 다음과 같다.

石林葉氏曰 藝文志 劉向 以中古文 校歐陽大小夏侯經文 酒誥脫簡一 召誥脫簡二[66]

이것은 『한서』, 「예문지」의 문장인데 성호는 『독서전』이라는 자신의 글에서 이 부분을 다시 직접 인용하였다. 위에서 '中古文'이란 고문상서를 말하며 '歐陽大小夏侯經文'이란 복생으로부터 전수된 한대의 금문상서가를 말한다. 그래서 「예문지」의 내용은 '유향이 중고문으로 구양·대소하후의 금문상서와 비교 검토해보니 「주고」편에서

---

63) 『星湖全書』 3, 『書經疾書』, 酒誥, 259쪽.
64) 성호는 『漢書』 藝文志를 직접 인용하지 않고, "석림섭씨 왈 한서 『漢書』 藝文志 유향 …"이라고 하여 간접적으로 인용하였다. 마치 성호가 『漢書』 藝文志를 직접 보지 않은 것 같은 인상을 준다. 그러나 『독서전』에서는 『漢書』 藝文志를 직접 인용하고 있다(李瀷, 『書經疾書』, 酒誥).
65) 葉夢得을 말함. 字는 少蘊, 호는 石林이며 江蘇省 吳縣 사람이다. 宋나라 때 經學家로 1097년 진사가 되어 翰林學士 龍圖閣直學士 등을 지냈다. 春秋에 정밀하여 『春秋傳』, 『春秋考』, 『石林春秋』 등을 저술하였다.
66) 『星湖全書』 3, 『書經疾書』, 酒誥, 259쪽.

탈락된 죽간이 하나 「소고」에서 탈락된 죽간이 둘이다'라는 것이다. 양자운이 「주고」편을 비워둔다는 것은 『한서』 「예문지」에서 말한 죽간이 탈락되어 그 부분을 비워둔다는 뜻이라는 것이 성호의 해설이다. 즉 양자운이 「주고」를 비워둔다는 것은 공안국의 고문상서가 전해지지 않아서 양자운이 「주고」를 보지 못해서 비어있다고 한 것이 아니라 「예문지」에 보이는 죽간이 탈락되어서 비워둔다고 했다는 것이다.67)

또한 공안국의 상서가 전해지지 않은 것에 대해서도 반론을 제기했다. 「예문지」에서 유향이 금문상서와 비교하였던 '중고문'이란 공안국이 고문을 예서로 정리한 것이라고 성호는 판단하였다. 이 '중고문'은 선진시대의 蝌蚪문자를 한대의 예서로 바꾼 것이라서 개원의 속서와는 다른 것이어서 중고문이라 했다. 그렇다면 공안국이 주석을 붙인 고문상서는 아직 나오지 못했지만 공안국이 예서로 정리한 고문상서 원문은 별도로 있었으며 양자운이나 유향이 볼 수 있었다고 하였다. 즉 공안국이 주를 붙인 상서주석서는 아직 나오지 않았지만 과두문자로 된 상서를 예서로 정리한 상서원문은 당시에 있어서 유향이나 양자운이 볼 수 있었다는 것이 성호의 설이다.68) 유향이 중고문으로 금문상서를 검토했다는 「예문지」의 기록이 그 증거이다.

5. 이익의 독자적 상서해석

성호가 채침의 상서해석 범주를 벗어나 『상서정의』를 대폭 수용 의

---

67) 『星湖全書』 3, 『書經疾書』, 酒誥, 259쪽, "諸儒所引, 皆出於歐夏三家. 然則子雲之意, 亦如劉向所道也."

68) 『星湖全書』 3, 『書經疾書』, 酒誥, 259쪽. "然中古者, 恐指孔安國隷古定. 旣變科斗, 而與開元之俗書別, 故謂之中古. 然則孔氏所注書傳, 雖未出, 而所謂隷古者自在, 爲楊雄劉向之徒所嘗見."

거함으로써 새로운 상서해석의 지평을 열고자 했던 점은 앞 절에서
지적한 바 있다. 그의 『서경질서』의 내용에 있어서도 성호는 '채침전'
이나 『상서정의』와는 구절을 다르게 끊음으로써 독자적이고 새로운
해석을 하였다. 이미 앞 절에서 보인 바 있는 '亦惟君惟長 不能厥家人
越厥小臣外正 惟威惟虐 大放王命 乃非德用乂'를 성호는 '不能'을 앞으
로 붙여서 '亦惟君惟長不能 厥家人越厥小臣外正 惟威惟虐 大放王命 乃
非德用乂'로 구절을 구분하였다. 그럼으로써 '不能'의 의미를 채침은
'家人'과 '小臣'을 다스리고 가르치는 것으로 해석하였으나, 성호는 구
절의 분절을 다르게 함으로써 '不能'의 의미는 君과 長이 무능하다는
의미로 해석하였다. 채침이나 『상서정의』에서 '嗚呼 王司敬民 罔非天
胤 典祀無豊于昵'[69]로 구절을 나눈 것을, 성호는 '民'을 뒤로 붙여서
'民莫非天胤'으로 구절을 나누어야 한다고 했다.[70] 이 경우에 채침이
나 『상서정의』에 의거하면 '왕은 백성을 공경함을 주로 해야 하며 祖
宗이 모두 하늘을 이은 자가 아님이 없으니 아버지 사당에만 제물을
풍부하게 하지 말라'는 뜻이 된다. 그러나 성호의 주장과 같이 문장을
분절하면 '왕은 공경함을 주로 해야 한다. 백성이란 하늘을 이은 자가
아님이 없으므로 너무 가까이해서 함부로 하지 말아야한다'고 풀이된
다. 왕이 백성을 공경함을 주로 해야 한다는 것과 조상이 모두 하늘을
이은자가 아님이 없다고 하는 두 구절이 앞뒤로 문맥이 잘 연결되지
않는 점에서 이와 같이 새로운 해석을 시도한 것이다.

　주석상의 문제만이 아니라 서경 본문에 대해서도 오류가 있음을 지
적하고 바로잡음으로써 『서집전』과는 다른 해석을 하였다. '明王 奉若
天道 建邦設都 樹后王君公 承以大夫師長 不惟逸豫 惟以亂民'[71]에서
'不惟逸豫'의 '惟'字는 '以'字가 잘못된 것이다. '以'字의 의미는 '爲'인

---

69) 蔡沈, 『書集傳』 卷5, 高宗肜日.
70) 『星湖全書』 3, 『書經疾書』, 高宗肜日, 216쪽.
71) 蔡沈, 『書集傳』 卷5, 說命中.

데 '不惟'의 아래에 비록 '以'字는 없지만 아래 구절의 예로 보면 알
수 있는 것이다[72]라고 하였다.

그는 또 언해의 해석이 잘못된 곳을 여러 차례 지적하였다. 채침
의 주를 기준으로 하여 만들어진 『상서언해』이지만 채침의 주와는
틀리게 문구를 나눔으로써 의미를 다르게 해석한 오류를 정정해야
한다고 하였다. '弗弔天 降割于我家'[73]에서 언해는 '弗弔라 天이 强
割于我家하샤'[74]로 토를 붙였다. 이에 대해 성호는 '弗弔天'에서 '天'
은 윗 구절에 붙여야 하는데 지금의 諺釋은 틀렸다고 하였다.[75] 채
침이 '우리를 불쌍하게 여기지 않는 하늘이 우리나라에 해로움을 내
리셨다'고 해석한 것을 언해에서는 '우리를 불쌍하게 여기지 않아서
하늘이 우리나라에 해로움을 내렸다'고 해석한 것은 잘못된 것이라
하였다.

> 先王顧諟天之明命 以承上下神祇 社稷宗廟 罔不祇肅 天監其德 用集大
> 命 撫綏萬邦[76]

위의 「태갑」의 구절을 주석함에 채침은 '以奉天地神祇社稷宗廟 無
不敬肅'[77]이라 하여 '上下神祇'와 '社稷宗廟'를 받들어 공경하고 엄숙
히 하지 않음이 없다고 하였다. 이에 비해서 언해에서는 '上下의 神祇
를 承하시며 社稷과 宗廟를 祇肅하지 아님이 없으니'[78]로 해석하였다.
즉 '上下神祇'와 '社稷宗廟'를 따로 나누어 풀이한 것이다. 이에 대해

---

72) 『星湖全書』 3, 『書經疾書』, 說命中, 215쪽.
73) 蔡沈, 『書集傳』 卷7, 大誥.
74) 『書傳諺解』, 大誥.
75) 『星湖全書』 3, 『書經疾書』, 大誥, 251쪽.
76) 『書經』 卷4, 太甲上.
77) 『書集傳』 卷4, 太甲上.
78) 『書傳諺解』 卷4, 太甲上.

성호는 '上下神祇'와 '社稷宗廟'는 같이해야 하는 것이니 언해의 해석이 틀렸다.[79]고 하여 채침의 주석과 차이가 나는 언해의 해석을 바로잡았다.

　성호는 서서에 대해서 세 차례에 걸쳐 그 성격에 대해 언급한다. 서서는 공자 구택의 벽간에서 나온 것인데 공안국의 서문에 의하면 서경의 각 편의 저작 의도와 작자에 대한 것을 기록해 놓은 것이라고 한다.[80] 서 백편이 모두 한 책에 모아져 있는 것을 공안국이 각 편의 앞부분으로 배치해 놓았다고 하였다.[81] 지금 남아 있는 서경은 58편이므로 서서 백 편중에서 42편은 서서만 남아있는 셈이다. 이 서서를 채침의 『서집전』에서는 신빙성이 없다고 하여 제외하였다. 성호는 「태서」편의 서서를 인용하고 본문의 내용과 서서가 서로 년대가 차이가 나는 것을 고증하여 서서에 대해 비판하였다.

　『상서』「태서」편의 서서에는,

　　　惟十有一年 武王伐殷 一月戊午 師渡孟津[82]

이라고 되어 있는데 「태서」편 본문에는,

　　　惟十有三年春 大會于孟津[83]

이라고 되어 있다. 이것은 武王이 殷을 정벌한 내용인데 위에서 본 바와 같이 정벌한 년도가 서서에서는 '十一年 一月'로 되어 있는데 본문에서는 '十三年'으로 되어 있다. 성호는 이 문제에 대해서 무왕이 즉

---

79) 『星湖全書』 3, 『書經疾書』 卷4, 太甲上, 200쪽.
80) 『尙書正義』, 尙書序.
81) 『尙書正義』, 尙書序.
82) 『尙書正義』, 泰書序.
83) 『尙書』, 泰誓.

위한 9년에 맹진에서 觀兵을 하여 천하의 민심을 얻었고 그 후 5년 뒤에 은을 정벌하였으므로 13년에 은을 정벌했다는 본문의 기록이 정확한 것이라고 하였다. 성호는 서서와 서경경문을 비교하면서,

> 관병에서부터 지금까지 5년이다. 서서에서는 「태서」가 '十一年'이라고 하였는데 「태서」 경문에서는 분명 '十三年'이라고 하였으니 서서의 기록을 버리고 경문을 따라야 마땅하다. 『사기』는 도리어 경문을 버리고 서서를 따라서 '十一年'에 주를 정벌하였다고 하였으니 따를 수 없다.[84]

고 하여 서서가 『사기』의 기록과 같지만 모두 신빙할 수 없다고 하였다. 성호 역시 서서의 신빙성에 대하여 비판적이었지만 채침에서는 거론조차 되지 않는 것을 구체적인 고증을 통하여 입증하고자 하였다.

---

84) 『星湖全書』 3, 『書經疾書』, 泰誓.

제6장

결 론

  본 논고는 17~18세기 제기되는 윤휴, 박세당, 이익의 상서해석의
새로운 경향에 대해서 그 내용과 특성을 규명하였다. 채침과 주희의
주석을 비판적으로 수용하고 『상서정의』를 비롯한 다양한 자료를 인
용함으로써 주자학적 해석의 범주를 넘어서 새로운 상서해석의 체계
를 수립하고자 했던 흐름을 윤휴, 박세당, 이익의 『상서』 주석을 중심
으로 규명함으로써 조선 후기 경학사상을 이해하는데 일조를 하고자
하는 의도 하에 작성된 것이다.

  상서는 치도의 근원으로서 또한 통치체제의 이념적 근거를 제공하
는 경전으로서 인식되어 왔으며 국정운영의 기본원리를 여기에서 찾
고자 하였다. 고려 말에 성리학적 상서주석서인 채침의 『서집전』이
전래되어 고려시대에 사용된 상서주석서 『상서정의』의 위치를 대신
하게 되며, 이것은 곧 조선건국 세력의 이념적인 기반을 제공하게 된
다. 조선 초기에도 통치제도를 정비하는 가운데 그 근거 자료를 상서
에서 구하였을 뿐만 아니라 군주의 치도의 원리로서 경연에서 자주
강론되었다. 한편으로는 려말에 수용된 채침의 『서집전』을 보급 정착

시키기 위해서는 먼저 정확한 해석에 근거한 정론화가 시급한 과제였다. 이것은 권근과 이황의 노력을 거쳐서 선조대에 이르러 유희춘과 이이를 통해서 대체적으로 상서의 성리학적 해석에 대한 통일된 해석이 마련되고 정론화 되기에 이른다. 선조 년간의 언해본 출간은 정론화된 해석을 기초로 해서 이루어진 것이라고 할 수 있다.

조선시대 상서 관련 저술들을 살펴보면 대체로 조선 후기에 이르러 상서에 대한 저술과 관심이 폭발적으로 증가한 현상을 볼 수 있다. 특히 인조·숙종 년간에 상서관련 저술이 집중적으로 이루어졌다. 이것은 양란 이후에 새로운 통치질서를 모색하고 무너진 사회 정치 지배체제를 재건하려는 노력이 상서에 대한 관심을 집중하게 한 것으로 볼 수 있다. 즉 상서에 대한 연구를 통해서 그들이 추구한 새로운 정치 사회 제도와 통치이념의 근거를 모색한 결과라는 것이다.

양란 이후 새로운 국가통치 이념을 모색하는 가운데 성리학에 대한 반성이 제기됨으로써 성리학적 해석으로 정론화 된 상서해석에 대해서도 서로 다른 입장이 나타나게 되었다. 조선 후기 상서학은 주희의 주석을 따르고 그에 대한 이해를 심화하려는 노력을 기울인 성리학적 입장에 선 일파와 주희의 주석을 비판적으로 수용하여 독자적인 상서학의 체계를 구축하려 했던 일파로 나누어지게 되었다. 윤휴와 박세당, 이익은 후자의 경우로서 기존의 주석을 비판적으로 수용함으로써 각각의 독자적인 상서학을 펼치고자 노력하였다.

『독상서』는 윤휴의 상서에 대한 주석서로서 상서 전체 58편 중 23편에 대하여 주석을 하였는데 이것은 그가 말한대로 선유들이 밝혀내지 못한 것 중에서 자신이 밝혀낸 것에 대해서만 주석한 것이다.

윤휴는 상서주석에서 방법적인 면에서는 주희의 경전주석 방식을 수용하지만 구체적인 고증에서는 주희에 대해서도 비판적이었으며, 특히 채침의 『서집전』에 대해서는 자신이 『독상서』를 저술한 이유가 서집전의 미비함 때문이라고 비판하였다. 상서의 주자학적 해석에 대해 비판적인 윤휴의 입장에는 남송·원초의 학자인 김인산과 명초의 저술인 『상서회선』의 영향이 있었음이 그의 저술에서 확인되었다. 윤휴는 『독상서』에서 주로 어구에 대한 해석, 지리 고증, 역사 제도에 대한 고증을 통하여 기존 주석서의 잘못을 바로 잡음으로써, 경문에 의심스럽거나 통하지 않는 부분을 해결하고자 하였다. 이것이 그가 말한 전인이 밝혀내지 못한 것을 밝힌 것이며, 앞사람의 틀린 점을 수정한다는 것이다. 이런 점에서 그는 주희나 채침과는 다른 주석을 붙였는데 인심·도심에 대한 주석에서는 채침과 상당히 유사한 입장을 나타내었다.

박세당의 『상서사변록』은 조선시대 상서주석서 중에서 다산과 더불어 가장 방대하고 치밀한 고증을 통하여 상서주석의 새로운 장을 연 저작이다. 그는 17세기 경전해석에서 주희의 설이 절대시되던 풍토에서 주희의 명을 받아 저술된 채침의 『서집전』과 주희의 주석을 과감하게 비판하고 모든 경전은 후인들에 의해서 새롭게 해석될 수 있다는 점을 강조하고 이것을 자신의 경전주석의 기본적인 방침으로 삼았다. 자신의 독자적인 해석체계를 세우기 위하여 특정 주석서를 추종하지 않고 모든 설을 동등한 위치에 두고 취사선택하였다. 주희의 설은 한 줄도 더해서는 안되고 고쳐서도 안된다는 주장이 지배하던 당시에 박세당의 『상서사변록』은 파격적인 것이 아닐 수 없다. 그는 『상서사변록』에서 어구에 대한 주해와 역사·천문·지리·형법·예제에 걸쳐서 치밀한 고증을 통하여 상서를 새롭고 체계적으로 해석하고자 하였다. 그러기 위하여 기존의 주석서를 다양하게 이용하였으며 자신의 주석에 논거를 제시하기 위하여 『논어』·『맹자』·『예기』·『춘추』·『사기』 등 여러 경전을 인용하였다. 그의 상서주석은 철저히 고증에 치중하고 '의리', '萬殊一本', '一本萬殊' 등의 성리학적 개념을 상서주석에 도입하는 것을 원천적으로 배제하고자 하였다.

이익의 상서해석은 주로 『서경질서』에 집중적으로 나타나 있지만 그의 문집이나 『성호사설』에서도 적지 않은 분량의 상서 관련 저술을 찾을 수가 있다. 이익의 상서주석이나 관련저술에 인용되는 주석서와 참고 자료들은 윤휴와 박세당과는 비교되지 않을 만큼 방대하다. 이익은 방대한 자료를 이용함으로써 상서해석의 지평을 확대한 것으로 평가할 수 있다.

이익은 주자의 경전해석의 기본 태도를 다음과 같이 분석하였다. 옛사람의 학설은 따르되 시대에 따라 해석을 달리해야 할 곳은 옛사람의 해석에 집착하지 않았다. 식견이 부족한 제자들의 의견이라도 뛰어난 것이 있으면 채택하고 여러 주석의 장점을 취사선택하여 올바른 해석을 시도하려 하였다. 이러한 주희의 경전해석 방법이 곧 자신의 경전 주석의 방법이라고 하였다. 따라서 주희의 경전 주석 방법은 따르되 구체적인 내용은 주희와 얼마든지 다르게 해석할 수 있다고 하였다. 경전해석에 있어서 기존의 주석만을 따르는 것은 경전을 쉽게 읽을 수 있기는 하지만 마음으로 체득하지 못한다고 비판하고 독자적인 경전해석을 강조하였다. 기존 주석서에 대해서는 채침의 『서집전』에 대해서는 비판적인 입장을 취하였고 『상서정의』의 설을 적극적으로 수용함으로써 성리학적 해석을 넘어설 수 있게 되었다.

의와 리만으로 경전을 해석하는 것은 경전의 원래의 작자의 뜻은 아닌 것이니 문장의 맥락이나 필세를 살펴서 글자의 뜻을 파악함으로써 경전의 의미를 구하여야 한다고 주장하였다. 이것은 곧 이익이 상서를 주석하는데 있어 훈고와 고증을 주로 해야함을 강조한 것이다. 실로 이익의 『서경질서』의 특징은 어구에 대한 주해와 지리·사실·제도의 고증에 치중한 것이다. 특히 이익은 상서의 내용에 대한 고증만이 아니라 금문·고문에 대한 문제를 비롯하여 상서의 전래 등 상서 자체에 대한 문헌고증을 시도하였다.

윤휴의 『독상서』, 박세당의 『상서사변록』, 이익의 『서경질서』는 그 분량에 있어서도 조선 후기 상서주석서 중 가장 방대하다고 할 수 있어 조선 후기 상서학의 일단을 보여줌에 모자람이 없다. 주희의 상서 해석을 보다 깊이 이해하고자 하는 한원진, 윤봉구 등의 상서 저술은 그 내용에 있어서 대단히 소략하다. 이들의 저술이 상서 전편에 대하여 주석하지 않고 특정편이나 특정 주제에 대하여서만 집중된 것은 그들의 저술의 목적에 기인한다고 하겠다. 한원진의 경우는 주희의 상서에 대한 해석이 서로 차이나는 부분만을 뽑아서 주희의 원래 뜻이 무엇이었던가를 확인하려는 것이었다. 윤봉구는 상서의 심성론을 주희와 채침의 주를 인용하여 밝히고자 한 것이다. 이것은 당시 湖洛論爭에서 주희의 주석을 자신들의 입장에서 논증함으로써 자신들의 논점을 보강하려는 의도가 있다고 하겠다. 이에 비하여 윤휴와 박세당, 이익이 상서 전편에 걸쳐서 방대하게 주석을 한 것은 상서에 대한 주희와 채침의 해석체계를 넘어서서 자신들의 독자적인 주석체계를 세우려 했던 것에 기인한다고 하겠다.

윤휴와 박세당, 이익의 경전 주석에 대한 시각은 상호 공통되는 부분이 많다. 이들의 경전 해석에 대한 기본 입장은 모두 경전은 후인들에 의하여 새롭게 해석되어야 한다는 것이다. 경전의 의미는 무궁하여 선유들이 밝혀놓은 바가 있다 하더라도 한사람의 지식으로 다할 수 있는 것이 아니기 때문에 후인들의 연구에 의하여 다시 밝혀져야 함이 불가피하다는 것이다. 선유들이 밝혀내지 못한 것을 새로이 찾아낸 것만이 아니라, 오랫동안 답습되어온 앞사람들의 잘못된 주석을 정정하여 바로잡는 것 또한 경전을 주해하는 이유임을 역설하였다.

이들은 경학사에 있어서 주희의 위치를 매우 높이 평가하였다. 윤휴는 주희의 경전 주석이 천 년간 답습되어온 오류를 깨뜨림으로써 경전의 본의를 드러나게 했다고 평가하였고, 박세당은 진·한 이래로 경전을 세분화하여 지나치게 천착함으로써 경전의 본래의 의미를 잃어버린 것을 주희의 주석에 이르러 대의를 찾을 수 있게 되었다고 하였다. 이익은 논어를 이해하기 위해서는 반드시 주희가 주석한 『논어집주』를 읽어야하며『논어집주』를 읽기 전에 먼저 주희가 논어에 대하여 주석을 붙인 정신을 알아야 한다고 하였다.『논어집주』의 경학사적 의미를 높이 평가하였지만 이익이 주목한 것은 주희의 경전 주석의 구체적인 내용이 아니라 그 배경이 된 주희의 경전 해석 정신이었다.

윤휴, 박세당, 이익이 말하는 주희의 경전해석의 기본 정신이란 여러 설들을 모으고 절충하고 토론을 통하여 수정함으로써 좋은 것을 취하고 옳은 것을 구하여 고치기를 꺼리지 않는 것이라고 하였으며 이것이 자신들이 경전을 주석함에 본받고자 하는 것이라고 하였다. 즉 이들은 주희의 경전 해석에 대한 기본 인식을 곧 자신들의 경전 주석의 기본 바탕으로 삼고자 함을 여러 차례 언급하였다. 따라서 이들의 경전 주석의 기본 정신은 주희와 마찬가지로 자신들이 앞선 여러 가지 주석을 모아서 토론과 절충을 거쳐서 자신의 판단에 따라 취사선택하는 것이었다. 그 결과로서 주희의 기본정신은 따르는 것이지만 주희의 구체적인 주석은 여러 설중의 하나로서 취사선택의 대상일 뿐이었다. 그래서 이들은 모두 주희의 주석을 따르기만 하는 당시의 경학 풍토에 대해서는 매우 비판적 입장을 취하였다. 이익은 당시의 이러한 풍토에 대해서 '주자를 높이 받들기는 하지만 경전의 뜻이 의심스럽고 논할만한 것조차도 무턱대고 따르며 한결같이 감싸 지킴으로서 세상 사람들의 입에 재갈을 물리는' 무리들로서 '鄕原'이라고 비판하였다.

위와 같은 경전 해석의 입장에서 보면 상서의 경우 채침이나 주희 모두가 다른 주석가들과 함께 동등한 위치에서 취사선택의 대상일 뿐이었다. 그러나 대체로 채침의『서집전』에 대해서는 모두 매우 비판적인 입장을 취하였다. 스승인 주희의 설조차 충실하게 반영하지 못한 것으로서 자신들이 상서에 대한 주석서를 저술하는 것이 기본적으로는 채침의 서집전이 불충분하고 타당하지 못한 것 때문이라고 하였다. 주자에 대해서는 세 사람 모두 비판적 입장에서 수용하는 태도를 보였으나 박세당의 경우 '천착함이 심하여 후인들을 그르치게 한다'라고까지 가장 강하게 비판하는 태도를 보였다.

이들이 조선시대 가장 주요한 상서주석서인 채침의 『서집전』을 비판하고 성리학적인 상서해석을 넘어서서 자신들의 독자적인 상서해석을 가능하게 해준 것은 한·당대의 상서주석서인 『상서정의』를 수용함을 통해서였다. 또 한편으로는 많은 여타의 경전이나 서적을 참고할 수 있었으며 중국으로부터의 영향이 있었기 때문이었다.

『상서정의』의 수용은 윤휴나 박세당의 경우 매우 제한적으로 이루어졌으나 이익에 이르러서는 『상서정의』가 적극적으로 수용됨으로써 앞선 윤휴나 박세당에 비하여 상서해석의 지평이 확대되었다고 평가할 수 있다. 주희의 주석은 완전하여 한글자도 더하거나 뺄 수 없다고 한 당시의 경전 주석의 일반적인 풍토에서 본다면 상서해석에 있어서 『상서정의』를 어떻게 수용하였는가 하는 점은 상서주석서의 성격을 가늠하게 해주는 주요한 잣대라고 할 수 있다. 『상서정의』의 수용은 이익을 넘어서 다산에 이르면 전체의 내용을 자유자재로 인용함으로서 다산 상서학의 한 근원이 되었음을 볼 수 있다. 대체로 정조대에 이르면 『상서정의』는 『경사강의』를 비롯해서 신작이나 홍석주의 주석서에서도 원활하게 인용됨을 볼 수 있다. 그러나 이들은 『상서정의』를 인용해서 더욱 광범위한 지평 위에서 주자학적인 상서해석의 의미를 강조하고 그 위치를 규명해보려는 것이었다.

윤휴와 박세당, 이익의 상서학에 영향을 준 것으로서는 사서삼경을 비롯해서 『사기』, 『주례』, 『예기』 등의 많은 서적이 인용되었지만 하나의 특징으로 거론하고자 하는 것은 김인산의 영향을 받았다는 점이다. 김인산은 『논어』·『맹자』에 대한 고증에서 주희가 밝히지 못한 것을 밝혀낸 것이 많아서 주희와 서로 어긋나는 주석이 많은 것으로 평가된다. 이렇게 주희와의 서로 다른 점은 특이한 것을 내세워 자신을 높이려는 것이 아니라 도를 밝히려는 것으로 이것은 주희와 다르지 않다는 것이다.

고증에 치중해서 그 내용이 주희와는 다른 점이 많으나 그 경전 주석의 목적은 진리를 찾고자 하는 데서 주희와는 다름이 없다는 김인산 경전 해석의 자세는 윤휴, 박세당, 이익이 주장하는 자신들의 경전해석의 기본적인 입장과 일치되는 것이었다.『송원학안』의 김인산에 대한 기록에서 "주자가 어찌 (자신의 설과) 같은 것은 좋아하고 다른 것은 미워했겠는가?" 하는 구절은 이들 세 사람이 자신들의 경전해석에 대해서 당시인들에게 던지고 싶은 말이었을 것이다. 윤휴에게서는 김인산을 인용한 것이 여러 군데 보이고 이익은 서경질서 한 곳에 보이는데, 이익이 단 한 차례 인용한 내용이 묘하게도 은나라 미자가 항복하는 역사적인 사실고증에 대한 것으로 윤휴가 인용한 내용과 정확하게 일치한다. 상서해석에 있어서 윤휴와 이익의 연관성을 규명할 단서로 생각해 볼 수 있을 것이다. 박세당의 경우도 그의 제자들이 스승을 변호하는 가운데 박세당의 경학해석이 주희와 다르다 해도 김인산 정도일 것이라고 변호하는 것을 볼 수 있는데 이런 것을 통해서 볼 때 당시인들의 눈에 비친 이들의 경학 주석의 성격은 김인산 경학의 성격으로 이해된 것으로 생각된다. 이러한 점에서 볼 때 조선 후기 경학사상에 미친 김인산의 영향에 대해서는 별도의 연구가 이루어져야 할 필요가 있다고 하겠다.

윤휴와 박세당, 이익의 상서주석 방식은 그들이 말한 주희의 방식대로 여러 가지 설들을 모아서 취사선택하는 것이었다. 윤휴와 박세당은 대체로 상서를 주석함에 취사선택의 주된 범위가 대전본의 세주들이었다.『서집전대전』이 상서 경문에 대해서 채침의 주를 중심으로 하고 다른 제가의 주석을 부기하는 형식으로 되어있다. 이에 대해 윤휴나 박세당은 채침이나 주희설을 우선시하지 않고 세주의 여러 주석들과 동일하게 취급하고 자신의 판단에 따라 합당한 것을 채택하였다. 그래서 채침이나 주희의 설보다 대전본의 세주를 앞세우기도 하고 경우에 따라서는 채침이나 주희의 주석을 제외하기도 하였다. 주희와 채침의 절대적 위치를 인정하지 않겠다는 것이다. 이익은 윤휴나 박세당의 주석에 비해서 인용하는 주석가들의 범주가 더 넓고 자료도 방대하였다. 『한서』「예문지」, 『국어』등 다양한 전거를 인용하고 유성용과 같은 조선 학자의 설도 인용하였다. 경전해석의 인용 전거가 다양하고 방대해지는 것은 다산에 이르러 집대성되는 모습을 보인다고 하겠다.

이들의 상서해석의 전거가 다양하고 방대해지는 것은 그들이 의리와 인심・도심같은 성리설에 주목하기보다 역사・지리・제도에 대한 고증에 치중했기 때문이다. 박세당은 '의리' '만수일본' '일본만수' 등을 상서해석에 적용하는 것을 원천적으로 배척하고 고증에만 치중하고자 하였다. 이익은 어맥이나 문의를 살피지 않고 리와 의만으로 해석하면 그 해석한 것이 작자의 뜻과 다를 수도 있으니 그 글자에 의거하여서만 뜻을 연구하여 밝히겠다고 함으로써 경전연구에서 훈고와 고증적인 방법에 의거할 것임을 주장하였다. 그래서 이들 세 학자의 상서주석은 지리・천문・사실・제도・법률 등에 치중되어 있음을 볼 수 있다. 이것은 동시대에 주희와 채침의 서집전의 주석을 따르는 상서주석가들인 한원진이나 윤봉구 등이 심성론 의리 등에 중점을 두고 상서에 주석한 것과는 경향을 달리하는 것이다. 윤휴와 박세당이 상서의 경문 해석에 대해서 주로 고증을 시도한 것에 비해서 이익은 『한서』「예문지」・『사기』・『국어』를 인용하여 상서의 금・고문 문제와 전래의 문제 등 상서 자체에 대한 문헌고증을 시도하였다. 이것은 다산의 문헌고증에 선행하는 것으로서 의미가 있다고 하겠다. 상서에 대한 문헌 고증은 다산에 이르러서 매씨서평에서 방대하고 치밀한 고증이 이루어지게 된다.

윤휴, 박세당, 이익의 상서해석은 17~18세기에 정론화 된 성리학적 상서해석을 비판적으로 수용하고 다양한 주석을 취사선택함으로써 새로운 상서해석을 모색한 것이었다. 성리학적 상서해석의 범주를 넘어서서 새로운 상서해석 체계를 수립하고자 하는 노력은 윤휴, 박세당에서 시작되어 이익을 거쳐서 19세기에 이르러 다산 정약용에 의하여 실학자의 상서해석으로 완성된다고 할 수 있다.

<附 錄>

朝鮮時代 尚書 관련 저술

저 자	생몰연대	서 명	비 고
權 近	1352~1409 (공민왕 1~태종 9)	書淺見錄	
李 滉	1501~1570 (연산군 7~선조 3)	書釋義	
李德弘	1541~1596 (중종 36~선조 29)	璿璣玉衡註吐	
金長生	1548~1631 (명종 3~인조 9)	經書辨疑－書傳	
韓百謙	1552~1615 (명종 7~광해군 7)	讀多方解	
趙 翼	1579~1655 (선조 12~효종 6)	書經淺說	
禹汝楙	1591~1657 (선조 24~효종 8)	洪範羽翼	
許 穆	1595~1682 (선조 28~숙종 8)	書說·洪範說	
尹 鑴	1617~1680 (광해군 9~숙종 6)	讀書記－讀尙書	
李徽逸 李玄逸	1619~1672 (광해군 11~현종 13) 1627~1704 (인조 5~숙종 30)	洪範衍義	
洪汝河	1621~1678 (광해군 13~숙종 4)	讀書箚記－書傳	
朴世堂	1629~1703 (인조 7~숙종 29)	思辨錄－尙書	
朴世采	1631~1695 (인조 9~숙종 21)	範學全編	
洪 覿	1634~? (인조 12~?)	經書疑誤講解－書傳	
李聃命	1646~1701 (인조 24~숙종 27)	書傳箚疑	

林　泳	1649~1696 (인조 27~숙종 22)	讀書箚錄－書傳	
李衡祥	1653~1733 (효종 4~영조 9)	甁窩講義－尙書	
金春澤	1670~1717 (현종 11~숙종 43)	箕子陳洪範於武王	
李煥模	1675~? (숙종 1~?)	書傳記疑	
李顯益	1678~1717 (숙종 4~숙종 43)	書傳說	
全氣大	1679~1744 (숙종 5~영조 20)	舜典集註誤字辨	
李彦烈	1680~1719 (숙종 6~숙종 45)	舜干羽于兩階·以小民受天永命	
李　瀷	1681~1763 (숙종 7~영조 39)	書經疾書	
尹鳳九	1681~1767 (숙종 7~영조 43)	讀禹謨湯誥	
韓元震	1682~1751 (숙종 8~영조 27)	朱子言論同異攷－書	
林象德	1683~1719 (숙종 9~숙종 45)	期三百語錄	
南國柱	1690~1759 (숙종 16~영조 35)	易範通錄－洪範說	
李敏坤	1695~1756 (숙종 21~영조 32)	皇極衍義	
尹東奎	1695~1773 (숙종 21~영조 49)	經說－書	
吳達運	1700~1747 (숙종 26~영조 23)	禹貢讀法	
李匡師	1705~1777 (숙종 31~정조 1)	呂刑辨·洛誥辨	
黃景源	1709~1787 (숙종 35~정조 11)	雜著－洪範傳	
宋文欽	1710~1752 (숙종 36~영조 28)	尙書疑義	

李秉休	1711~1776 (숙종 37~영조 52)	武成日月考	
任聖周	1711~1788 (숙종 37~정조 12)	雜著－尙書	
安鼎福	1712~1791 (숙종 38~정조 15)	經書疑義	
權 攇	1713~1770 (숙종 39~영조 46)	尙書辨	
尹思進	1713~1792 (숙종 39~정조 16)	天人一理圖說－洛書書傳序說	
徐命膺	1716~1787 (숙종 42~정조 11)	經簡－洪範五傳	
徐命膺	1716~1787 (숙종 42~정조 11)	尙書逸旨	
白鳳來	1717~1799 (숙종 43~정조 23)	三經通義－書傳	
金鍾厚	?~1780 (?~정조 4)	箚錄－書傳	
金鍾正	1722~1787 (경종 2~정조 11)	箚錄－書傳	
梁周翊	1722~1802 (경종 2~순조 2)	尙書講義	
魏伯珪	1727~1798 (영조 3~정조 22)	堯典說・禹貢說	
黃胤錫	1729~1791 (영조 5~정조 15)	朞三百傳解・璣衡傳解	
洪大容	1731~1783 (영조 7~정조 7)	三經問辨－書傳問疑	
李鍾徽	1731~1806 (영조 7~순조 6)	書論	
趙有善	1731~1809 (영조 7~순조 9)	經義－書	
柳匡天	1732~1799 (영조 8~정조 23)	御製經義問對	
朴胤源	1734~1799 (영조 10~정조 23)	書經箚略	

李萬運	1736~? (영조 12~?)	皇極經文釋義·朞三百註解	
成允信	1737~1808 (영조 13~순조 8)	洪範九疇皇極圖說	
朴準源 外	1739~1807 (영조 15~순조 7)	御定書傳人物類聚	
金龜柱	1740~1786 (영조 16~정조 10)	書傳箚錄	
奇學敬	1741~1809 (영조 17~순조 9)	御製經義條對－尙書	
高廷鳳	1743~? (영조 19~?)	御製經書疑義條對－尙書	
李元培	1745~1802 (영조 21~순조 2)	經義條對－書	
吳允常	1746~1783 (영조 22~정조 7)	箚記－書傳箚記	
徐瀅修	1749~1824 (영조 25~순조 24)	洪範直指	
正 祖	1752~1800 (영조 28~정조 24)	經史講義－書	
李書九	1754~1825 (영조 30~순조 25)	尙書講義	
成海應	1760~1839 (영조 36~헌종 5)	經翼－書類	
申 綽	1760~1828 (영조 36~순조 28)	古尙書	
		尙書古注	
		尙書二十五篇	
		尙書百篇攷	
南公轍	1760~1840 (영조 36~헌종 6)	書論	
丁若鏞	1762~1836 (영조 38~헌종 2)	尙書古訓	
		讀尙書補傳	
		梅氏尙書平	
		尙書知遠錄	

李崑秀	1762~1788 (영조 38~정조 12)	思課錄-書傳講義	
吳熙常	1763~1833 (영조 39~순조 33)	讀書隨記-書傳	
姜必孝	1764~1848 (영조 40~헌종 14)	時習錄-書傳	
白慶楷	1765~1842 (영조 41~헌종 8)	讀尙書	
李敦秀	1767~1799 (영조 43~정조 23)	讀書錄-書經	
金虎運	1768~1811 (영조 44~순조 11)	周書攷疑辨	
洪奭周	1774~1842 (영조 50~헌종 8)	尙書補傳	
李源坤	1776~1845 (영조 52~헌종 11)	箕範衍義	
朴慶家	1779~1841 (정조 3~헌종 7)	禹貢考異	
琴詩述	1783~1851 (정조 7~철종 2)	朞三百算法圖	
金正喜	1786~1856 (정조 10~철종 7)	尙書今古文辨	
張之琬	미상	尙書期三百解	
李源祚	1792~1872 (정조 16~고종 8)	僞古文十六言辨	
許 傳	1797~1886 (정조 21~고종 23)	經筵講義-書舜典・書大禹謨・ 書益稷・書五子之歌・書胤征	
		顧命麻冕黼裳反喪服辨	
朴宗永	?~1875 (?~고종 12)	經旨蒙解-書傳	
吳玹默	미상	經說-書傳章句	
金岱鎭	1800~1871 (정조 24~고종 8)	朞三百註解	
俞莘煥	1801~1859 (순조 1~철종 10)	洪範演	

沈大允	1806~1872 (순조 6~고종 9)	書經蔡傳辨正	
李成中	미상	書義	
金赫權	미상	朞三百註布算說·朞度·洪範節氣解·璇璣制	
李 埈	1812~1853 (순조 12~철종 4)	書雜錄	
朴萬瓊	1817~1898 (순조 17~고종 35)	洪範九疇之圖	
李震相	1818~1886 (순조 18~고종 23)	尙書今古文辨	
李淵性	1824~1893 (순조 24~고종 30)	讀堯典朞三百集傳	
朴文鎬	1846~1918 (헌종 12~)	書集傳詳說	
朴文鎬	1846~1918 (헌종 12~)	經說－尙書	
郭鍾錫	1846~1919 (헌종 12~)	茶田經義答問－書經	
李明翊	1848~1903 (헌종 14~고종 40)	尙書思辨	
韓 愉	1868~1911 (고종 5~)	堯典朞三百問答·朞三百上圖·朞三百下圖	
王性淳	1869~1923 (고종 6~)	尙書堯典朞三百註解	

** 이 도표는 『韓國經學資料集成 書經』에 의거하여 작성하였다.

참고문헌

I. 자 료

『論語』

『大學』

『尙書』

『史記』(漢, 司馬遷), 中華書局, 2002.

『漢書』(漢, 班固), 中華書局, 2002.

『隋書』(唐, 魏徵 等撰), 中華書局.

『書集傳』(宋, 蔡沈).

『尙書表注』(宋, 金履祥, 『文淵閣四庫全書』本), 上海古籍出版社, 1995.

『書傳會選』(明, 劉三吾 等, 『文淵閣四庫全書』本), 上海古籍出版社, 1995.

『書集傳大全』(明, 胡廣).

『古文尙書疏證』(淸, 閻若璩, 『文淵閣四庫全書』本), 上海古籍出版社, 1995.

『宋元學案』(淸, 黃宗羲 全祖望).

『尙書正義』(十三經注疏本), 北京大學出版社, 1999.

『書淺見錄』(權近)

『書釋義』(李滉)

『西厓先生文集』(柳成龍)

『讀尙書』(尹鑴, 『白湖全書』本), 1974, 경북대학교출판부.

『尙書思辨錄』(朴世堂, 『西溪全書』本).

『西溪全書』(朴世堂), 1979, 太學社.

『論語疾書』(李瀷, 『星湖全書』本), 1984, 驪江出版社.

『書經疾書』(李瀷, 『星湖全書』本).

『孟子疾書』(李瀷, 『星湖全書』本).

『讀書傳』(李瀷, 『星湖全書』本).

『朱子言論同異攷』(韓元震), 1993, 韓國經學資料集成 49, 성대대동문화연구원.

『梅氏書平』(丁若鏞, 『與猶堂全書』本), 驪江出版社 영인본.

『尙書古訓』(丁若鏞, 『與猶堂全書』本), 驪江出版社 영인본.

『尙書今古文辨』(金正喜, 『阮堂集』本).

『宋子大全』

『書傳諺解』

『定宗實錄』

『太宗實錄』

『世宗實錄』

『文宗實錄』

『世祖實錄』

『成宗實錄』

『睿宗實錄』

『燕山君日記』

『仁宗實錄』

『中宗實錄』

『宣祖實錄』

『肅宗實錄』

II. 저 서

屈萬里, 1986, 『尙書集釋』, 聯經出版事業公司.

尹絲淳, 1997, 『한국유학사상론』, 예문서원.

尹絲淳, 1998, 『조선시대 성리학의 연구』, 고대민족문화연구원.

琴章泰, 1999, 『한국유학의 탐구』, 서울대출판부.

琴章泰, 1994, 『韓國儒學史의 理解』, 민족문화사.

琴章泰, 2002, 『韓國儒教思想史』, 한국학술정보.

金興圭, 1982, 『朝鮮後期의 詩經論과 詩意識』, 고대민족문화연구원.

李丙燾, 1987, 『韓國 儒學史』, 아세아문화사.

Ⅲ. 논 문

강문식, 2002, 「權近의 詩淺見錄 書淺見錄에 대한 연구」『한국학보』 28.

權文奉, 1989, 「星湖의 經學思想 研究(其二) – 事物認識論과 格致論을 중심으로」
『원광대논문집』 제23집.

_____, 1992, 「星湖의 經學思想 研究(其三) – 中庸疾書를 중심으로」『원광대논문
집(인문・사회)』 26-1.

_____, 1996, 「星湖의 考證的 經書解釋方法 一考察」『竹夫李篪衡定年紀念論叢 –
韓國의 經學과 漢文學』, 서울: 태학사.

金敬琢, 1969, 「朴世堂의 老莊學」『중국학보』 제10집, 중국학회.

金基鉉, 1983, 「白湖 尹鑴의 理氣性情 및 人心道心論」『민족문화연구』 제17집, 고
려대학교.

김문식, 1988, 「尙書 연구서를 중심으로 본 丁若鏞과 洪奭周의 政治思想 비교」
『한국사론』 20.

_____, 「經史講義 解題」『韓國經學資料集成』 60.

金萬圭, 1978, 「西溪 朴世堂의 政治思想」『동방학지』 제19집, 연세대학교.

金萬鎰, 2003, 「朴世堂經學思想의 性格」『유교문화연구』 제6집.

金興圭, 1980, 「西溪 朴世堂의 詩經論」『한국학보』 제20집, 일지사.

_____, 1981, 「星湖 李瀷의 詩經論」『현상과 인식』 5-1, 한국인문사회과학원.

_____, 1982, 「反權威的 詩經論의 展開」『朝鮮後期 詩經論과 詩意識』.

_____, 1982, 『조선후기 시경론과 시의식』, 고대민족문화연구소.

朴茂瑛, 1985, 「白湖 尹鑴의 詩經論 研究」『한국한문학연구』 제8, 9합집.

朴天圭, 1987, 「朴西溪의 「大學」新釋」『동양학』 제17집, 단국대 동양학연구소.

裵宗鎬, 1975, 「朴世堂의 格物致知說」『李乙浩停年紀念論叢 – 실학논총』.

宋甲準, 1988, 「星湖 李瀷의 經學思想(1)」『철학논집』 제4집, 경남대.

_____, 1989, 「星湖 李瀷의 經學思想(2)」『철학논집』 제5집, 경남대.

_____, 1991, 「星湖 李瀷의 易學思想」『철학논집』 제6집, 경남대.

宋兢燮, 1970, 「白湖 尹鑴의 理氣哲學 研究」『철학연구』 제11집, 해동철학회.

_____, 1975, 「白湖 尹鑴傳 – 그 학문적 입장을 중심으로」『李乙浩停年紀念 實學
論叢』.

宋恒龍, 1982, 「西溪 朴世堂의 老莊研究와 道家哲學思想」『대동문화연구』 16.

安秉杰, 1985, 「大學古本을 통해 본 白湖의 經學思想 硏究」『민족문화』제11집, 민족문화추진회.

_____, 1987, 「白湖 尹鑴의 實踐的 中庸觀(I)」『안동대논문집』 9.

_____, 1991, 『17세기 朝鮮朝 儒學의 經典解釋에 관한 연구』, 성대 박사학위논문.

_____, 1991, 「白湖 尹鑴의 實踐的 中庸觀(II)」『퇴계학』제3집, 안동대.

_____, 1993, 「朴世堂의 獨自的 經典解釋과 그의 現實認識」『大東文化硏究』제28집, 성대 대동문화연구원.

_____, 1993, 「西溪 朴世堂의 中庸解釋과 朱子學批判」『태동고전연구』제10집, 한림대 태동고전연구소.

_____, 1995, 「白湖 尹鑴의 經學과 社會政治觀」『제5회동양학 국제학술회의 논문집』, 성대 대동문화연구원.

_____, 2003, 「白湖 尹鑴의 經學」『民族文化』제26집.

安在淳, 1981, 「李星湖의 '大學疾書'에 대한 考察」『동양철학연구』제2집, 동양철학연구회.

劉明鍾, 1978, 「尹白湖와 丁茶山」『철학연구』제27집, 한국철학연구회.

劉英姬, 1985, 「尹白湖의 庸學觀 硏究」, 고려대 석사학위논문.

柳仁熙, 1985, 「星湖僿說의 哲學思想-程朱性理學과의 比較」『진단학보』제59호.

尹絲淳, 1972, 「朴世堂의 實踐思想」『한국철학연구』제2집, 해동철학회.

_____, 1972, 「朴世堂의 實學思想에 관한 硏究」『아세아연구』15-2, 고려대학교.

_____, 1975, 「實學的 經學觀의 特色」『李乙浩停年紀念 實學論叢』, 전남대학교.

_____, 1976, 「實學思想의 哲學的 性格」『아세아연구』19-2, 고려대.

_____, 1993, 「白湖 尹鑴의 經世觀과 近代精神」『유학연구』제1집, 충남대학교 유학연구소.

尹熙勉, 1992, 「朴世堂의 生涯와 學問」『국사관논총』제34집, 국사편찬위원회.

李光虎, 1986, 「星湖 李瀷의 思想-孟子疾書를 중심으로」『태동고전연구』제2집.

李楠永, 1978, 「李星湖의 退溪學의 精神」『퇴계학보』제17집.

李丙燾, 1966, 「朴西溪와 反朱子學的 思想」『대동문화연구』제3집.

李俸珪, 「梅氏尙書平解題」『韓國經學資料集成』64.

李勝洙, 1993, 「西溪《思辨錄》저술태도와 是非論議」『한국한문학연구』제16집, 한국한문학회.

이원택, 2004, 「17세기 윤휴의 권력구조개편론」『동방학지』125, 연세대 국학연구원.

李乙浩, 1977, 「白湖 尹鑴 人生論 硏究」『학술원논문집』제16집.

李海英, 1991, 「星湖 李瀷의 中庸理解에 관한 研究」『안동대논문집』 제13집.

李箎衡, 1973, 「星湖經學의 實學的 展開」『성대논문집』 제17집.

李曦載, 1990, 「朴世堂의 價値觀」, 次山安晉吾博士回甲紀念論文集, 『동양학논총』.

_____, 1991, 「尹白湖의 格物致知說」『釋山韓鍾萬華甲紀念 韓國思想史』, 원광대학교출판국.

李曦載, 1993, 「朴西溪의 格物致知說」『범한철학』 제8집, 범한철학회.

_____, 1994, 「朴世堂의 天觀」『범한철학』 제9집, 범한철학회.

임형택, 「朱子言論同異攷－書」『韓國經學資料集成』 1.

_____, 1993, 「書淺見錄解題」『韓國經學資料集成』 49.

_____, 1993, 『韓國經學資料集成』 49, 書經 一「해제」, 성대 대동문화연구원.

張閏洙, 1990, 「朴西溪의 思辨錄 考察－大學과 中庸」『철학논총』 제6집, 영남철학회.

鄭仁在, 1982, 「尹白湖의 禮論과 倫理思想」『현대사회와 윤리』, 한국정신문화연구원.

鄭亨愚, 1989, 「五經四書大全의 輸入 및 그 刊板廣布」『동방학지』 제63집.

鄭豪薰, 1994, 「白湖 尹鑴의 現實認識과 君權强化論」『學林』 제16집, 연세대학교.

_____, 1995, 「尹鑴의 經學思想과 國家權力强化論」『한국사연구』 제89집, 한국사연구회.

崔鳳永, 1987, 「星湖學派의 朱子 大學章句 批判論」『동양학』 제17집, 단국대.

崔錫起, 1988, 「星湖의 詩經注釋에 관한 一考察」『首善論集』 제13집, 성균관대.

_____, 1990, 「星湖 李瀷의 詩經解釋에 나타난 經世觀－求賢意識을 중심으로」『경상대 논문집』 29-2.

_____, 1999, 「白湖 尹鑴의 經學觀」『남명학연구』 제8집, 경상대학교.

崔一凡, 1994, 「朴世堂의 有無論」『道教學研究』 제13집, 한국도교학회.

洪以燮, 1963, 「實學에 있어서 南人學派의 思想的 系譜」『인문과학』 제10집, 연세대.

찾아보기

김 만 일

고려대학교 사학과 졸업
동대학원 문학박사
한림대 태동고전연구소 한학연수과정 수료
한림대 태동고전연구소 교수
한림대 태동고전연구소 부소장

역 서 : 『국역화성성역의궤』

논 문 : 「박세당 경학사상의 성격」, 「윤휴의 독상서 연구」 외

고려사학회 연구총서 ⑲
조선 17~18세기 尙書 解釋의 새로운 경향   정가 : 12,000원

| 2007년 4월 30일 | 초판발행 |
| 2008년 10월 10일 | 재판발행 |

저　　자 : 김 만 일
회　　장 : 한 상 하
발 행 인 : 한 정 희
발 행 처 : 경인문화사
편　　집 : 김 소 라
　　　　　서울특별시 마포구 마포동 324-3
　　　　　전화 : 718-4831~2, 팩스 : 703-9711
　　　　　www.kyunginp.co.kr / 한국학서적.kr
　　　　　E - mail : kyunginp@chol.com
　　　　　등록번호 : 제10-18호(1973. 11. 8)

ISBN : 978-89-499-0480-1   93910
ⓒ 2008, Kyung-in Publishing Co, Printed in Korea
* 파본 및 훼손된 책은 교환해 드립니다.